Die Filmwelten des Robert E. Howard
Conan, Kull und andere Abenteurer

Peter Osteried

Inhalt

Vorwort

Robert E. Howard ist seit mehr als 80 Jahren tot, aber seine Schöpfungen leben fort – und das nicht nur in Romanform, sondern längst multimedial. Seit Arnold Schwarzenegger zu Beginn der 1980er Jahre in die Rolle des Barbaren Conan schlüpfte, haben Howards Werke auch immer wieder Filmemacher angesprochen.

Conan war und blieb dabei das Kronjuwel, die Figur, die für Kino und Fernsehen mehrmals adaptiert und auch umgedeutet wurde. Aber auch Kull, Red Sonja und Solomon Kane erlebten bewegte Abenteuer, die mal mehr, mal weniger gut waren, aber Howards Vorstellungen der hyborischen Welt ausbauten – abgesehen vom Puritaner Solomon Kane, der in einer anderen Ära agierte.

Sie alle finden sich in diesem Buch wieder, das Howard, sein Werk, aber auch die filmischen Adaptionen in den Mittelpunkt rückt.

Robert Ervin Howard – Der Schöpfer von Conan

Am 11. Juni 1936, gegen 8:00 Uhr morgens, setzte sich Robert E. Howard in seinem Auto eine geladene Waffe an den Kopf, rückte sie sorgfältig in Richtung der rechten Schläfe aus und drückte ab.

Sein Vater, ein Arzt, und Dr. Dill, ein Freund des alten Herrn, eilten sofort zu Howard, aber erkannten, dass ihm nicht mehr zu helfen war. Zwar lebte er noch, aber die Kugel, die seinen Kopf durchschlagen und auf der linken Seite wieder ausgetreten war, hatte zu solch verheerenden Verletzungen geführt, dass das Schicksal des Mannes nun in Gottes Händen lag.

Howard war aber nicht sofort tot; sein Todeskampf sollte noch acht lange Stunden dauern bevor er gegen 16:00 Uhr endete.

Mit seiner letzten Tat war der Erfinder von Conan so gestorben, wie er gelebt hatte: als Muttersöhnchen gleichwohl wie als einer seiner Helden, die ungeachtet der Konsequenzen immer das taten, was sie für richtig ansahen.

Robert Ervin Howard wurde 30 Jahre früher am 24. Januar 1906 im texanischen Peaster geboren. Als Sohn von Isaac Mordecai und Hester Jane blieb er das einzige Kind der Familie, der – damals durchaus üblich – als zweiten Vornamen den Mädchennamen seiner Mutter erhielt.

Bis zu seinem 13. Lebensjahr verhielt sich die Familie wie ein Nomadenstamm und zog beinahe jährlich um. Auslöser hierfür war Howards Vater, der es stets mochte, seine Umgebung zu verändern und neue

Leute kennen zu lernen. Dabei stand er auch ständig im Clinch mit seiner Frau, die ein eher sesshaftes Leben führen wollte.

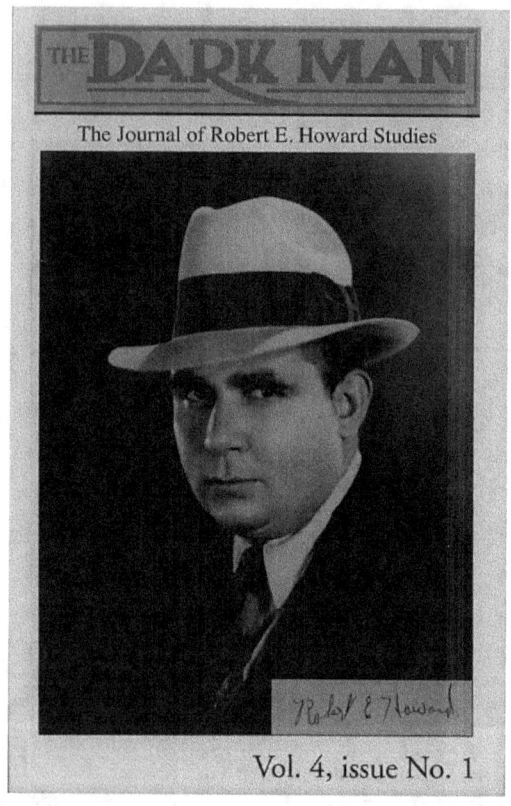

The Journal of Robert E. Howard Studies

Vol. 4, issue No. 1

Bis sich die Familie im Jahr 1919 endlich in Cross Plains niederließen, hatte sie in neun anderen Städten gelebt, die allesamt nur wenige Kilometer voneinander entfernt lagen und sich immer innerhalb der Grenzen von Texas befanden.

Hester Howards Schicksal war untrennbar mit dem ihres Sohnes verbunden. Howard verlebte keine normale Kindheit, in der er unbeschwert herumtollen konnte. Vielmehr war er ein schwächlicher und kränklicher Junge, der oftmals das Bett hüten musste und dabei lediglich seine Mutter als Bezugspunkt hatte. Der Vater, der als Arzt oft unterwegs war, musste da außen vor bleiben. Hester Howard kümmerte sich um ihren Sohn so aufopferungsvoll, dass sie selbst ihre eigene Gesundheit hintenanstellte. Umso tragischer war dies, da die Frau aufgrund einer nie wirklich zur Ruhe gekommenen Tuberkulosekrankheit nicht gerade die Stärkste war. Trotzdem wollte sie es Howard an nichts mangeln lassen und war zu jeder Sekunde für ihn da.

In den vielen Tagen und Wochen, die Howard zu Hause im Bett verbringen musste, vertrieb ihm seine Mutter mit Geschichten, die sie ihm vorlas, die Zeit. Damit legte sie auch den Grundstein für Howards Interesse an Literatur und der niemals endenwollenden Neugierde, die ihn zeitlebens antrieb, weiterhin über die verschiedensten Dinge zu lesen.

Die Beziehung zwischen Mutter und Sohn war von einer Innigkeit, die mehr als nur gewöhnlich war. Schon im Alter von gerade einmal sechs Jahren erklärte Howard seiner Mutter, dass, wenn sie eines Tages sterben würde, auch er sterben möchte. Zwar muss man diese Bemerkung als den naiven Kommentar eines Kindes, das noch kein Konzept vom Tod oder Sterben hat, abtun, aber schon hier zeigte sich, dass Howard anders war als seine Altersgenossen. Insofern sollte

Lancer Science Fantasy
From the master creators of

CONAN

ROBERT E. HOWARD AND LIN CARTER

KING KULL

of Atlantis clashes with weird and terrifying
powers from beyond!

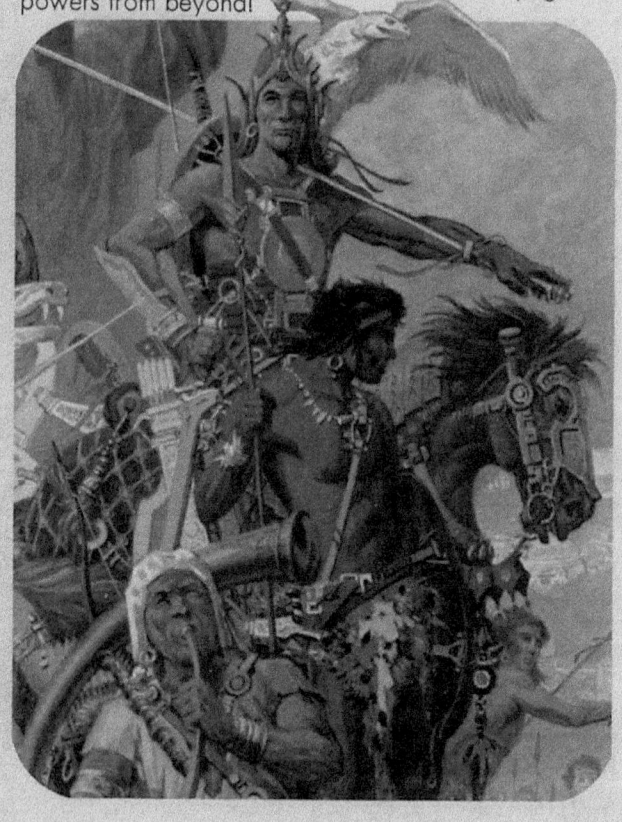

diese Ankündigung wie ein dunkler Schleier über seinem weiteren Leben hängen.

In jenen frühen Jahren wurde zwischen den beiden ein Band geschmiedet, das sie unweigerlich miteinander verband. Da Hester Howard nicht nur seine Mutter, sondern auch seine Freundin und Spielgefährtin war, wurde sie zum wichtigsten Teil in Howards Leben und blieb dies auch für immer.

Howard nun als schwaches und zerbrechliches Muttersöhnchen hinzustellen, trifft die Sache nicht ganz. Es stimmt, dass Howard immer von seiner Mutter abhängig war, ihren Rat suchte und ihr gefallen wollte. Bestimmt wurde dieses Verhalten aber durch das Zusammengehörigkeitsgefühl, das beide in der Zeit, da sie im Wesentlichen nur einander hatten, geschmiedet wurde.

Jene Zeit prägte Howard auch für den Rest seines Lebens und gab ihm das Gefühl, dass außerhalb der häuslichen Sicherheit unwägbare Gefahren lauerten. Auch später ließ er im Umgang mit den wenigen Freunden, die er hatte, eine gewisse Paranoia erkennen, die aber nicht unbedingt als solche gedeutet werden muss, sondern auch einen Hinweis auf Howards Lebensansichten gab. Der Autor definierte den Wert eines Mannes an den Feinden, die er hatte. Damit richtete er sein eigenes Leben mit einem wehmütigen Blick auf die Pionierzeiten von vor 100 Jahren so ein, wie es ihm in seinem von Fiktion und Realität geprägtem Bild erscheinen musste. Immer wieder schrieb Howard kleinere Teile seiner Vita um und glaubte sogar an diese Verfremdungen, was wiederum zeigt, dass für Howard

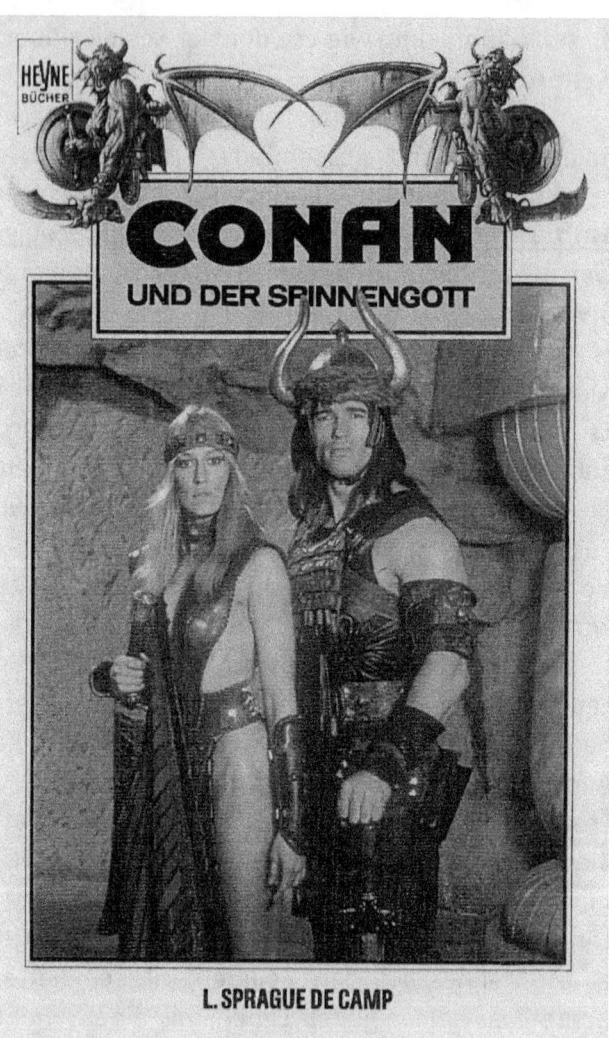

CONAN
UND DER SPINNENGOTT

L. SPRAGUE DE CAMP

seine Geschichten und sein Leben eng miteinander verbunden waren.

Wie die meisten Autoren war auch Howard eher ein scheuer und introvertierter Mensch, der andere schnell richtete und das einmal gefällte Urteil nicht wieder revidierte. Jeder, der sich ihm in den Weg setzte – oder auch nur seiner Meinung nach gegen ihn agierte – , wurde mit lebenslangem Hass gestraft, der am letzten Tag noch genauso heiß loderte wie am ersten.

Bestärkt wurde Howard in dieser Haltung noch durch seine absolute Abscheu von Autoritäten, von denen er ständig das Gefühl hatte, dass mit ihnen seine eigene Freiheit und seine Entfaltungsmöglichkeiten beschnitten wurden.

Resultiert mag dieses Gefühl aus dem Elternhaus sein, da sein Vater Isaac Howard durchaus als streng und herrisch bezeichnet werden könnte und mit seiner großen Statur ein sicherlich imposantes Auftreten hatte. Weit wichtiger in Bezug auf diese Charaktereigenschaft von Howard sind aber seine zahlreichen Arbeitgeber. Da ihn das Leben als Schriftsteller kaum ernährte, war er immer wieder gezwungen, andere Brotjobs zu übernehmen und stieß dabei beständig auf Leute, die ihn nicht gerade gut behandelten.

Zu schreiben begann Howard im Alter von 15 Jahren. Eine erste Geschichte versuchte er 1919 an das Magazin „Adventure", eines der führenden Pulps (so hießen die Magazine, in denen mehrere Geschichten zum Abdruck kamen, aufgrund ihres stark holzhaltigen Papiers), zu verkaufen, erhielt aber nur ein Schreiben mit vorgefertigter Universalablehnung.

In der Schule fand er endlich ein paar wenige Freunde, von denen einer, Lindsey Tyson, ihn auch animierte, mit dem Boxen und Bodybuilding zu beginnen. Howard, der stets gerne wie einer seiner muskelbepackten Helden gewesen wäre, fand viel

Gefallen an diesen beiden Sportarten und betrieb sie – wann immer möglich – bis zu seinem Tod. Neben diesen Freunden unterhielt er vor allem mit anderen Autoren wie H.P. Lovecraft regelmäßigen Briefverkehr und tauschte sich über jedes erdenkliche Thema aus.

Während er weiterhin die Schule besucht, versuchte er sich ohne nachlassenden Eifer an Geschichten und Gedichten, konnte diese aber praktisch nirgendwo verkaufen. Veröffentlichungen fanden immerhin in der Schülerzeitung statt, aber diese blieben natürlich unentgeltlich. Erst Ende 1924 gelang es ihm, eine Geschichte an „Weird Tales", einem Pulp, das sich auf phantastische Geschichten spezialisiert hatte, zu verkaufen. Bis „Spear and Fang" jedoch veröffentlicht wurde, verging noch viel Zeit. Erst im Juni des darauffolgenden Jahres tauchte seine Geschichte in „Weird Tales" auf und wurde auch nun erst bezahlt. Derweil konnte er jedoch zwei weitere Geschichten an das Magazin verkaufen.

Nach wie vor gingen die Verkäufe aber schleppend, wobei Howard von drei produzierten Geschichten oftmals nur eine anbietet, da ihm die zwei anderen nicht gut genug erschienen.

Seinen recht hohen Ausstoß an Geschichten und Gedichten hielt Howard aufrecht, da er intuitiv aus dem Bauch herausschrieb und sich vor Beginn der Geschichte keine großen Gedanken über seine Charaktere machte, sondern einfach zusah, was geschah. Da er das Schreiben liebte, war ihm das aber eher egal, da er ohnehin noch genug Geschichten hatte, die er den verschiedenen Magazinen anbieten konnte.

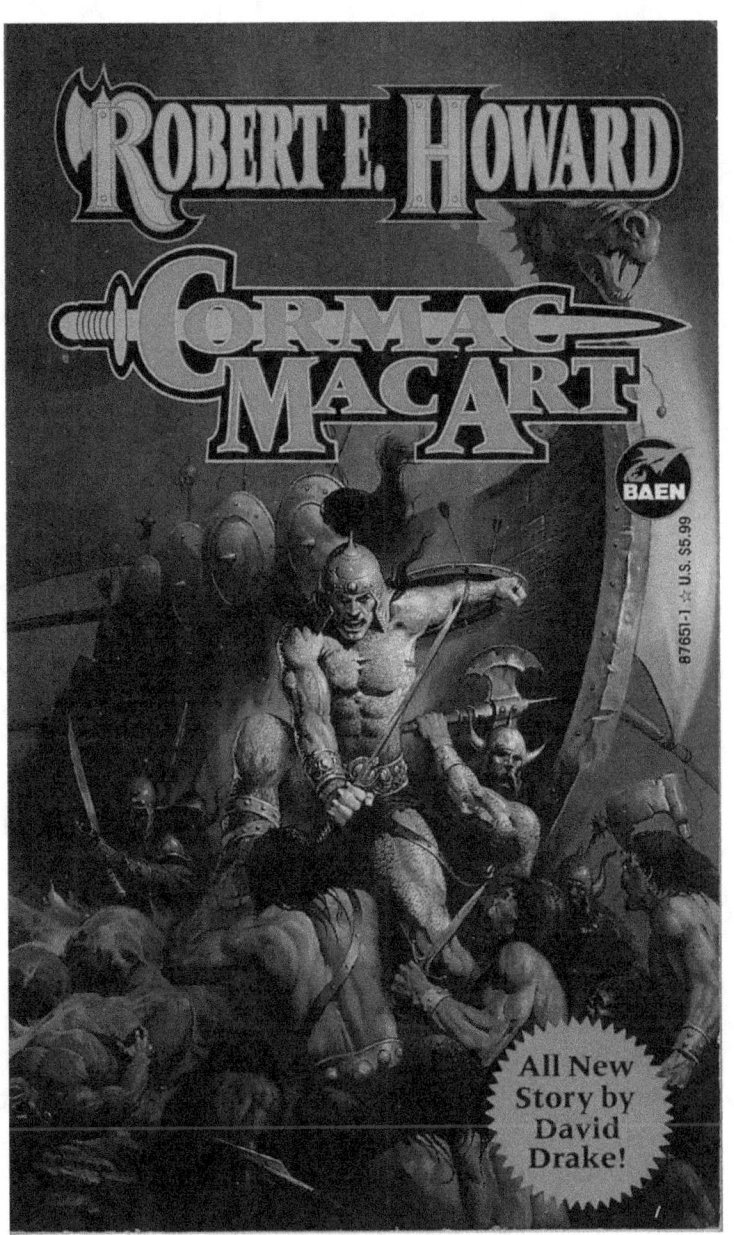

ROBERT E. HOWARD

CORMAC MAC ART

BAEN

87651-1 ☆ U.S. $5.99

All New
Story by
David
Drake!

Trotzdem lief seine Karriere als Schriftsteller im Jahr 1925 noch nicht sonderlich gut, weswegen er auch ein paar Artikel für Zeitungen schrieb und sich mit weiteren, nervtötenden Jobs über Wasser hielt. Schon zwei Jahre später ging es ihm finanziell wieder besser. Er veröffentlichte nun mit schöner Regelmäßigkeit seine Geschichten und begann sogar mit seiner Autobiographie, bei der er sich selbst als auch die ihn umgebenden Menschen und Orte mit leicht durchschaubaren Decknamen versah. Die Arbeit an dieser Geschichte, von der er dachte, dass sie ihm leicht von der Hand gehen würde, erwies sich jedoch als äußerst schwierig und frustrierend.

1928 nahm einer von Howards bekanntesten Helden Gestalt an. Solomon Kane, ein englischer Puritaner, tauchte in seiner ersten Geschichte in „Weird Tales" auf. Im darauffolgenden Jahr ersann er Kull von Atlantis, der Conans Vorgänger war und in einer anderen Epoche des hyborischen Reiches lebte. Etwa zu jener Zeit zeigte sich auch, dass Howard inzwischen ganz gut als Schriftsteller leben konnte, wobei er später sogar Jahre hatte, in denen er weit mehr als den amerikanischen Durchschnittslohn verdiente.

Im selben Jahr verließ Howard das Haus der Familie für ein halbes Jahr, da er es nicht ertragen konnte, zuzusehen, wie sein treuer Hund Patch starb. Der alte Hund, der für Howard stets ein treuer Begleiter war und ihm vermutlich nach seiner Mutter am nächsten stand, hatte ein Alter und eine Konstitution erreicht, die darauf hinwies, dass er nicht mehr lange haben würde. Es ist geradezu typisch für Howard, dass er der traurigen

Realität nicht ins Gesicht schauen und dem Tod seines Hundes beiwohnen konnte. Darum verabschiedete er sich still von Patch und kam erst nach Hause zurück, als sein Hund nicht mehr war. Damit verweigerte er sich aber auch der Auseinandersetzung mit dem Tod und dem Verlust eines geliebten Wesens, der für sein weiteres Glück unausweichlich gewesen wäre.

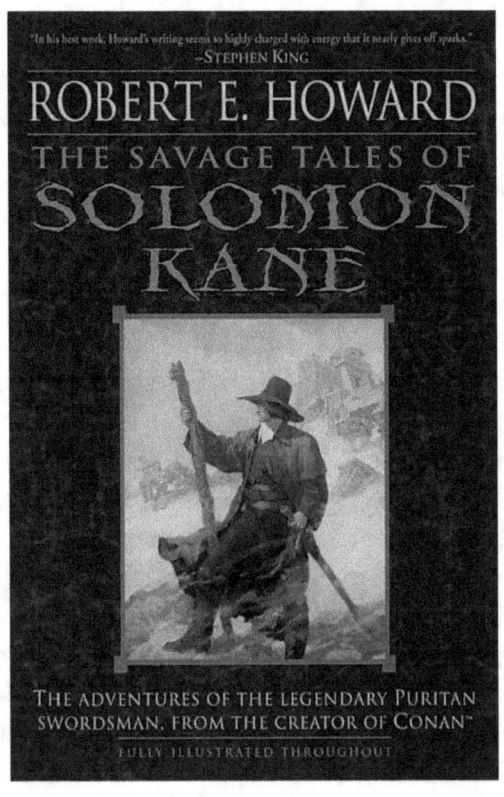

Bei einer Reise nach San Antonio, die er 1932 unternahm, kam ihm die Idee zu Conan, dem Barbaren.

Der Charakter tauchte bereits voll entwickelt vor seinem geistigen Auge auf und präsentierte sich bereit, waghalsige Abenteuer zu erleben. Howard begann nach seiner Rückkehr in Cross Plains damit, die Abenteuer seines neuen Helden zu schreiben, wobei ihm diese so flüssig von der Hand gingen, dass er beinahe schon bereit war, zu glauben, dass ihm diese Geschichten von Conan selbst erzählt wurden und er sie nur noch als Chronist niederzuschreiben brauchte. Diese Idee mag für Howard auch gar nicht so abwegig gewesen sein, da er durchaus an Erinnerungen aus einem die Menschen umgebenden Kollektivbewusstsein glaubte. Bestärkt wurde er dabei durch sein Interesse für die Kelten Großbritanniens und mehr noch das Volk der Pikten, das ihn von dem Moment, da er von ihm erfuhr, in seinen Bann schlug.

In den nächsten vier Jahren verkaufte Howard 17 Geschichten mit Conan an „Weird Tales", schrieb vier weitere, die das Magazin nicht wollte, und ließ fünf andere Geschichten um den Barbaren unvollendet. Aufgrund erhöhter finanzieller Belastungen, die mit dem immer schlechter werdenden Gesundheitszustand der Mutter zusammenhingen, schrieb Howard neben Fantasy-Geschichten nun auch vermehrt Western, die ein geregeltes Einkommen anboten. Im Gegensatz zu „Weird Tales" und dem wenig erfolgreichen Schwestermagazin „Oriental Tales" erhielt Howard bei Veröffentlichungen seiner Western-Geschichten in „Argosy" sein Honorar immer sehr schnell.

1934 verliebte sich Howard das erste und einzige Mal in seinem Leben, aber die Beziehung zu Novalyne

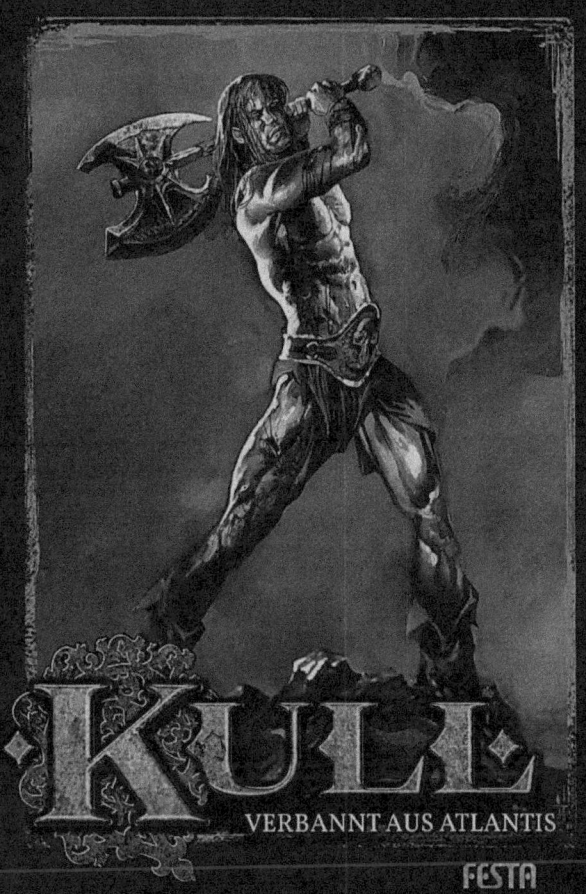

ROBERT E. HOWARD

Die Original-Erzählungen – Band 7

·KULL·

VERBANNT AUS ATLANTIS

FESTA

Price stand unter keinem guten Stern. Howards Mutter torpedierte diese auch, da sie das Gefühl hatte, dass diese Frau ihr den Sohn wegnehmen will. Innerhalb eines halben Jahres kühlte sich die Beziehung zwischen den beiden ab und als es Howards Mutter zusehends schlechter ging, war dies der Anfang vom Ende für die Beziehung zwischen Howard und Price, die im Frühjahr 1936 endgültig vorbei war.

Zu jener Zeit ging es Howards Mutter so schlecht wie nie zuvor. Sein Vater und er fuhren die kranke Frau fast täglich zu Behandlungen in verschiedene Krankenhäuser, aber alle Versuche blieben ergebnislos. Isaac Howard wusste schon lange, dass seiner Frau nicht mehr viel Zeit blieb, aber seinem Sohn gegenüber konnte er diese Wahrheit nicht eingestehen, da er wusste, wie vernichtend das für Howard sein würde. Als es mit Hester Howard jedoch zu Ende ging, konnte er die Wahrheit nicht mehr länger verleugnen. Auch seinem Sohn musste nun bewusstwerden, dass seine Mutter nicht mehr lange leben würde.

Howard, der nie gelernt hatte, mit dem Tod fertig zu werden, hatte längst den Beschluss gefasst, seine Mutter nicht alleine gehen zu lassen. Auf beinahe perverse Art erfüllte er das Versprechen, das er ihr Jahre zuvor gegeben hatte. Seinem eigenen Ehrenkodex folgend, hielt er sich an das, was er bereits vor so langer Zeit angekündigt hatte. Bevor er an jenem Morgen des 11. Juni 1936 sein Auto bestieg und seinem Leben ein Ende setzte, schrieb er auf seiner Schreibmaschine noch ein kleines Gedicht, das mehr als nur ein Abschiedsbrief war:

All fled, all done,
so lift me on the pyre;
The feast is over
and the lamps expire.

Howards gewählter Freitod war nicht nur eine Verzweiflungstat, die durch den nahenden Tod der Mutter erschaffen wurde, sondern etwas, das immer in Howards Geist präsent war. Schon immer faszinierte ihn, dem diese Welt so fremd war und der das Gefühl hatte, eigentlich in eine andere Epoche zu gehören, der Suizid, den er auch in manchen seiner Gedichte thematisierte. Der Tod der Mutter, der übrigens erst nach Howards Verscheiden eintrat, befreite ihn vom dem Pflichtgefühl, ihr weiterhin helfen zu müssen. Insofern hatte er nun endlich die Freiheit, das zu tun, was ihm in den dunklen Winkeln seiner Seele schon immer vorgeschwebt hatte.

Seinen großen Erfolg erlebte Howard nicht mehr mit. Als Conan in den 60er Jahren wiederentdeckt wurde, traten auch Howards übrige Werke in den Vordergrund und begeisterten eine ganz neue Generation an Lesern. Auch heute noch reißen seine Geschichten die Leser wie vor mehr als 60 Jahren in ihren Bann. Mit Kull und Conan begründete Howard das eigene Subgenre der „Sword and Sorcery" oder „Heroic Fantasy" und weiß nach wie vor mit seinen Geschichten zu begeistern.

So manche mag inzwischen ein wenig angestaubt und als Produkt ihrer Zeit erkennbar sein, aber die hohe Dynamik, die seine Geschichten entwickeln, spricht nach wie vor für sich. Solange wie seine wortgewaltige und elektrisierende Prosa weiterhin neue Leser findet und diese gleichsam mit den längst Eingeweihten begeistert, verblasst auch die Erinnerung an diesen Autoren nicht, der lange vor Erreichung seines künstlerischen Zenits von der Bühne abtrat.

REH-Veröffentlichungen

In den letzten Jahrzehnten wurden Howards Geschichten oftmals recht willkürlich zusammengestellt und folgten keiner bestimmten Chronologie. Darüber hinaus haben Autoren wie L. Sprague de Camp oder Lin Carter auch Fragmente des Autors genutzt, um sie zu vollenden, was zwar ein interessantes Vorgehen darstellt, allerdings für Howard-Interessierte doch recht verfälschend wirkt. Diese, aber auch Geschichten von Howards Nachfolgern finden sich in der umfassenden Reihe von Heyne, deren schönste Ausgabe zweifelsohne die Gelbe aus den 80er Jahren ist, deren Cover mit Filmbildern geschmückt waren.

Im Jahr 2005 startete der Heyne Verlag eine chronologische Veröffentlichung in Form von drei dicken Bänden, wobei neben den Kurzgeschichten und dem einen Roman auch Howards Hyborien-Essay und die zahlreichen unvollendeten Fragmente enthalten sind. Eine Komplettausgabe zu „Kull" gab es vor vielen Jahren im Bastei Verlag. Auch hier finden sich Fragmente von Geschichten, die Howard nicht zu Ende geführt hat. Eine Neuauflage erfolgte durch Festa.

Der Science-Fiction-Roman „Almuric" ist vor vielen Jahren bei Heyne erschienen und wurde später von der Edition Phantasia neu aufgelegt. Interessant sind auch die Bücher der Taschenbuchreihe „Terra Fantasy", in der in den 70er Jahren die Leser mit Howards Werk abseits von Conan bekannt gemacht wurden. So finden sich hier u.a. auch die Abenteuer der Roten Sonja, Solomon Kane und Cormac MacArt. Von Bastei gab es in den 80er Jahren eine Reihe zu Cormac MacArt und Bran Mak Morn und Heyne veröffentlichte mehrere der Howardschen Western-Erzählungen. Sammlungen mit Howards phantastischen Kurzgeschichten sind beim Verlag Festa erschienen.

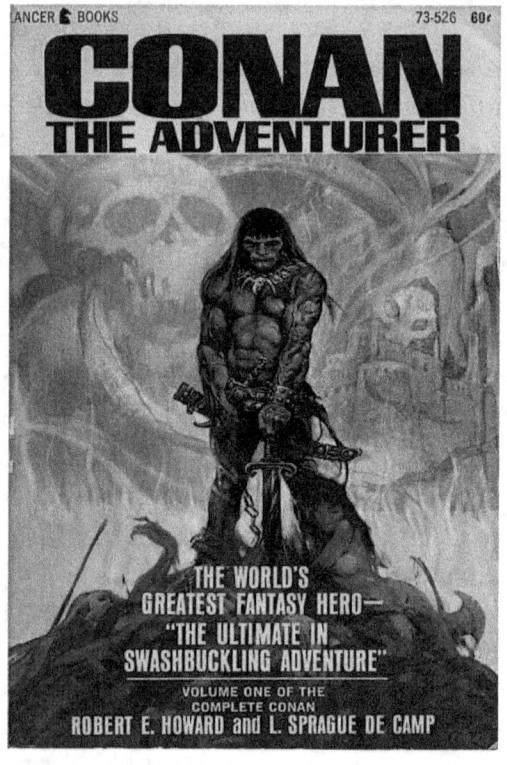

Die Conan-Erzählungen von Robert E. Howard

A Witch Shall be Born (Salome, die Hexe)
Beyond the Black River (Jenseits des Schwarzen Flusses)
Black Colossus (Natokh, der Zauberer)

Cimmeria (Cimmerien)
Drums of Tombalku (Die Trommeln von Tombalku)
Hawks over Shem (Der wahnsinnige König)
Jewels of Gwahlur (Der Schatz von Gwahlur)
Queen of the Black Coast (Die Königin der Schwarzen Küste)
Red Nails (Aus den Katakomben)
Rogues in the House (Der rote Priester)
Shadows in the Moonlight (Schatten im Mondlicht)
Shadows of Zamboula (Die Menschenfresser von Zamboula)
The Bloodstained God (Der blutbefleckte Gott)
The Devil in Iron (Der eiserne Teufel)
The Flame Knife (Der Flammendolch)
The Frost Giant's Daughter (Ymirs Tochter)
The God in the Bowl (Der Gott in der Schale)
The Hall of the Dead (In der Halle der Toten)
The Hand of Nergal (Nergals Hand)
The Hour of the Dragon (Die Stunde des Drachen)
The People of the Black Circle (Der schwarze Kreis)
The Phoenix and the Swords (Im Zeichen des Phönix)
The Pool of the Black Ones (Der Teich der Riesen)
The Road of the Eagles (Die Straße der Adler)
The Scarlet Citadell (Die scharlachrote Zitadelle)
The Slithering Shadows (Der wandelnde Schatten)
The Snout in the Dark (Der Dämon aus der Nacht)
The Tower o the Elephant (Der Turm des Elefanten)
The Treasure of Tranicos (Der Schatz des Tranicos)
The Vale of Lost Women (Das Tal der verlorenen Frauen)
Wolves Beyond the Border (Wölfe jenseits der Grenze)

Barbarische Filmhelden

Hollywood hat sich schon oft so mancher Buchvorlage bedient, um daraus einen Film zu machen. Quer durch alle Genres und Zeiten wurden Bücher benutzt und zu Filmen adaptiert, wobei die Puristen, die Fans des jeweiligen Autors, ihr Haupt zumeist mit Grausen ob des fertigen Ergebnisses abwandten.

Sieht man sich das heutige Filmgeschehen an, so erkennt man, dass viele Bücher beinahe im Handumdrehen zum Film gemacht werden. So ist es heute mit Stephen King, so war es früher mit Edgar Rice Burroughs. Robert E. Howard, der Erfinder der „Sword and Sorcery", wurde erst relativ spät von Hollywood entdeckt.

Könnte man sich eine adäquate Conan-Verfilmung zu Beginn des Tonfilmzeitalters nicht vorstellen, so wirkt diese Idee auch Mitte der 60er Jahre, in denen Howards Barbar wieder populär wurde, eher abstrus, da wohl bloß ein lächerlicher Mantel-und-Degen-Film herausgekommen wäre.

Mit dem Erfolg, den die neu aufgelegte und erweiterte Conan-Reihe als Taschenbuch in Amerika hatte, war der Barbar jedoch wieder in aller Munde. Ein Jahrzehnt später eroberte er ein anderes Medium, das ihn dankbar aufnahm: die Comics. Aus dem Hause Marvel kam eine Serie, die sich wohltuend von dem üblichen Superheldeneinerlei abhob und eigene Akzente setzte. Zu dem farbenfrohen Comic gesellte sich wenig später ein schwarzweißes Magazin, das ein deutlich älteres Publikum ansprach. Unter der Leitung von Roy

Thomas, der stets ein besonderes Faible für Conan und all die anderen Helden seines Schöpfers Robert E. Howard hatte, entwickelte sich die Comic-Serie zu einem Pfeiler des Fantasy-Genres und war über mehr als zwei Jahrzehnte nicht aus der Comic-Landschaft wegzudenken.

Der Erfolg von Conan in den Printmedien erweckte auch die Aufmerksamkeit des Produzenten Edward J. Pressman, der einen Bekannten damit beauftragte, eine erste Drehbuchfassung zu erstellen. Das war 1976 und bis zum fertigen Film sollten noch sechs weitere Jahre vergehen. Diese waren gesäumt von rechtlichen Streitigkeiten mit den Erben von Robert E. Howard und verschiedenen Drehbuchfassungen, die z.T. abstrus waren und Conan in eine postapokalyptische Ära packten.

Der Barbar betritt die Leinwand

Erst als John Milius zu dem Projekt hinzustieß und Dino DeLaurentiis sich an der Produktion beteiligte, nahm der Film endlich Form an. Milius war schon seit langem interessiert, CONAN zu verfilmen, wobei er weniger ein Fan von Howards Barbar als vielmehr an der Thematik selbst interessiert war. Der spätere Regisseur von CONAN THE BARBARIAN (CONAN, DER BARBAR, 1982) interessierte sich für nordische Mythologien und fand in Conan eben diese Einflüsse, die er nun in einem Drehbuch verarbeitete.

Dabei entwickelte er eine eigene Geschichte, die es so bei Howard nie gegeben hatte. Der Film beginnt

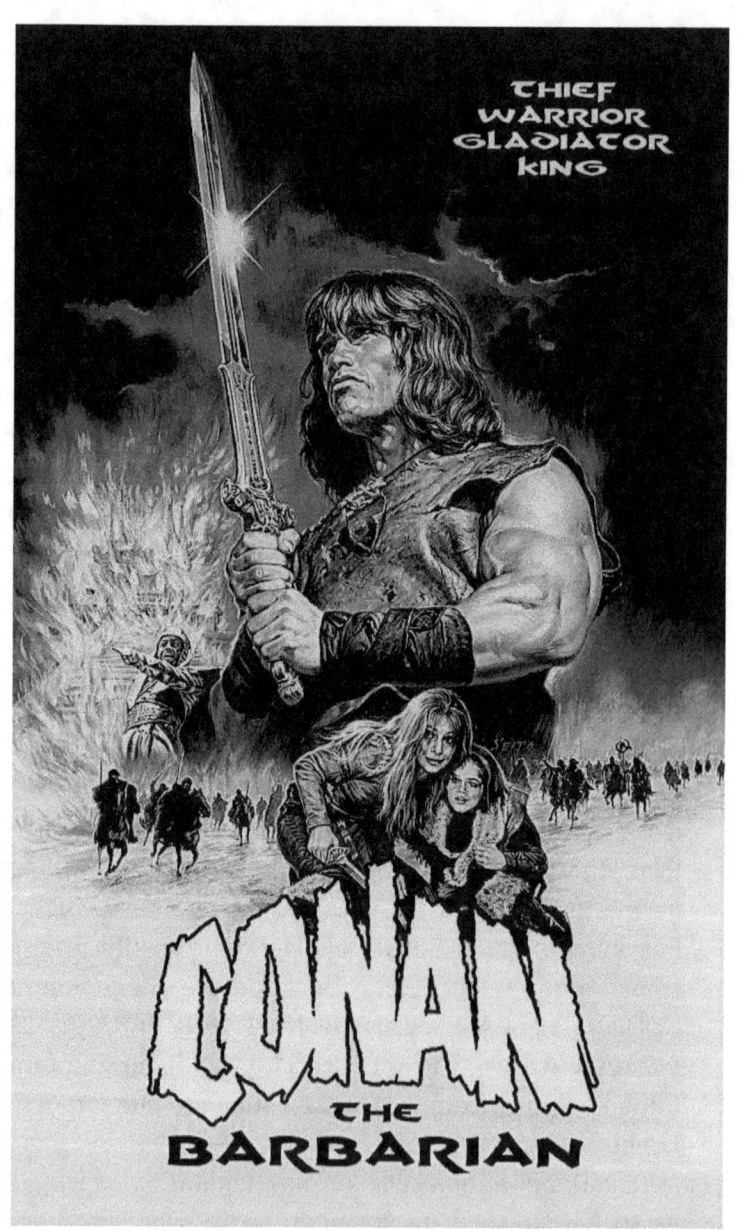

schon mit Conans Kindheit und zeigt, wie er zu dem Mann wird, als der er bei Howard bekannt ist. Vom Leben als Sklave steigt er zum Kämpfer und schließlich freien Mann auf, immer auf der Suche nach Thulsa Doom, dem Mann, der seine Eltern ermordete und ihn in die Sklaverei verkaufte.

Für die Hauptrolle konnte die absolut passende Besetzung gefunden werden: Arnold Schwarzenegger. Der ehemalige Bodybuilder mit Schauspielerambitionen war der ideale Mann für Conan und fand in dem Barbaren einen Charakter, den er problemlos zum Leben erwecken konnte.

Neben der enorm gut gestalteten Welt, die nach Howard 12.000 Jahre vor unserer Zeitrechnung existieren sollte, war der Film ohne Frage auch wegen Schwarzenegger erfolgreich. Trotzdem hätte natürlich die an sich imposante Präsenz von Schwarzenegger alleine nicht für den Erfolg des Films ausgereicht.

Vielmehr besticht CONAN THE BARBARIAN durch Milius' bildgewaltige Inszenierung, die Howards Worten in Nichts nachsteht, sondern sie in der einzig denkbaren Form zum Leben erweckt. Abgerundet wird das Ganze durch die pompöse Musik von Basil Poledouris, der hierfür auch bei CONAN THE DESTROYER (CONAN, DER ZERSTÖRER, 1984) wieder tätig wurde.

Der Film musste eine Menge Schelte einstecken, da er sich nur noch wenig an die Vorlage hält und eher mit den Comics denn den Geschichten zu vergleichen ist, aber nichtsdestotrotz ist er ein gewaltiger Film, der an Schauwerten reich ist und eine alte Story auf neue Art erzählt.

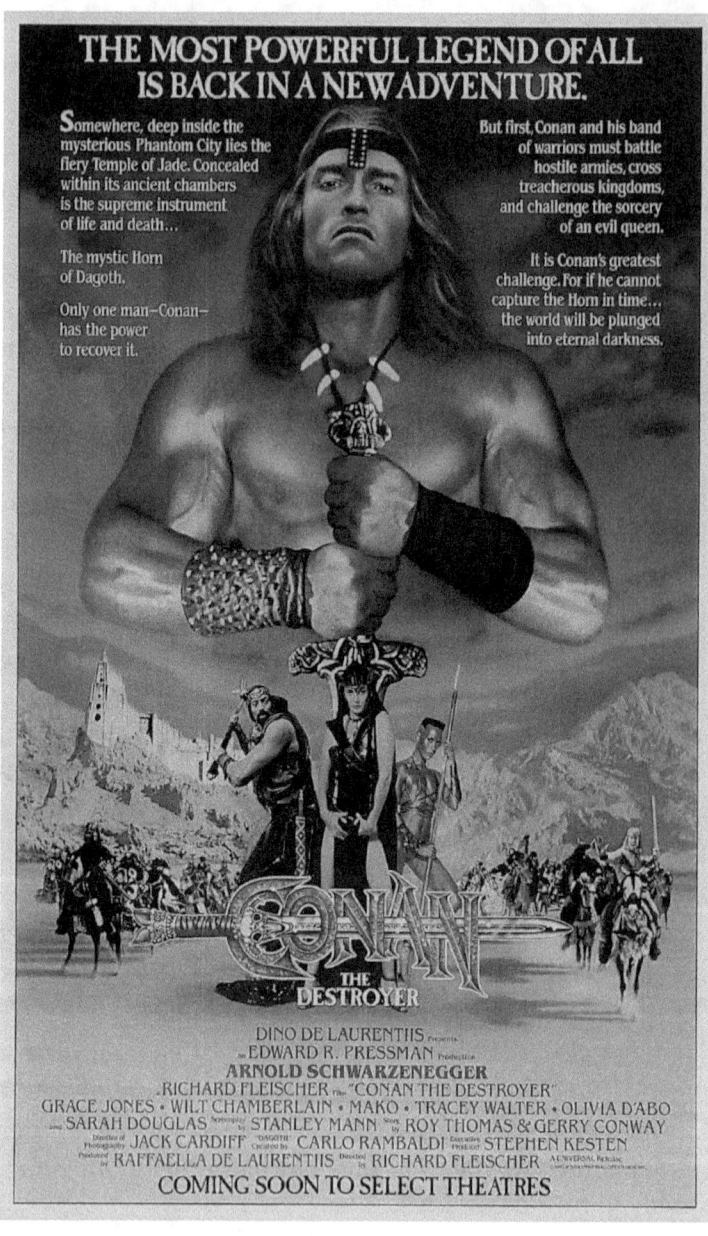

Die dargebotene Gewalt hielt jedoch einen Teil des Publikums zurück, sich den Film anzusehen, während die Conan-Fans aufgrund der Unstimmigkeiten mit der Vorlage enttäuscht waren. So entwickelte sich der Film nicht zum absoluten Blockbuster, spielte aber dennoch eine ordentliche Summe Geld ein und schuf die Grundlagen für die zwei Jahre später produzierte Fortsetzung.

CONAN THE DESTROYER entwickelte sich jedoch in eine völlig andere Richtung als sein Vorgänger. Selten gab es eine Fortsetzung, die sich so radikal vom Erstling unterschied. In diesem Film, der auf eine Vorlage der Comic-Autoren Gerry Conway und Roy Thomas zurückgeht, ist Conan nicht mehr der wortkarge Einzelkämpfer, sondern ein Team-Spieler, der den eigenen Vorteil außen vorlässt und stattdessen unentgeltlich zur Rettung eines unschuldigen Mädchens eilt. Ansonsten funktioniert der Film nach den ehernen Regeln der Quest, bei der alle Beteiligten einen prüfungsreichen Weg beschreiten müssen.

Anders als CONAN THE BARBARIAN verfügt CONAN THE DESTROYER auch über eine Menge Humor, lässt aber Schwarzeneggers damals noch auftretende schauspielerische Defizite um ein Vielfaches klarer zum Vorschein treten. Dafür ist CONAN THE DESTROYER natürlich der einfacher zu goutierende Film, da er wenig mehr als ein hübsch anzusehendes Action-Abenteuer darstellt.

In seiner Essenz ist dies ein „Feel Good"-Movie, das etwas konventionell gestrickt, dafür aber ohne größere Probleme ansehbar ist. Wo der erste Teil gewalttätig und brutal war, zeigte sich der zweite Teil als astreiner Actionfilm, bei dem die Kämpfe zwar schön choreographiert, aber auch enorm unblutig waren. Das realistischere Bild eines Schwertkampfs mit all seinen hässlichen Verletzungen präsentierte ohne Frage CONAN THE BARBARIAN aber ein großes Publikum interessierte sich zweifelsohne eher für eine phantastische Darstellung, die man schön ansehen kann, bei der man aber keine hässlichen Bilder zu erwarten hat. Außerdem endete CONAN THE BARBARIAN mit einem gebrochenen Conan, der nicht weiß was er nun, da er seine Rache bekommen hat, anfangen soll.

Ansonsten besticht CONAN THE DESTROYER durch einen erhöhten Fantasy-Aspekt und präsentiert mehr übernatürliche Schrecken und Gegner, denen sich Conan und die Seinen stellen müssen.

Mit dieser neuen Annäherung an Howards Helden waren die harten Fans aber genauso unzufrieden wie zuvor, wobei das Massenpublikum dem Barbarenspaß auch fernblieb und alle Hoffnung auf einen baldig erscheinenden dritten Teil beendete.

Eine Freundin von Conan

Den nächsten Besuch in Howards eigenem Universum gab es jedoch bereits 1985, auch wenn RED SONJA (RED SONJA, 1985) eigentlich gar nicht dorthin gehörte. Die Rote Sonja war eine von Howards Heldinnen, erlebte ihre Abenteuer aber viele tausend Jahre nach Conan. Erst in den Conan-Comics tauchte Red Sonja in Howards mythologischer Welt auf.

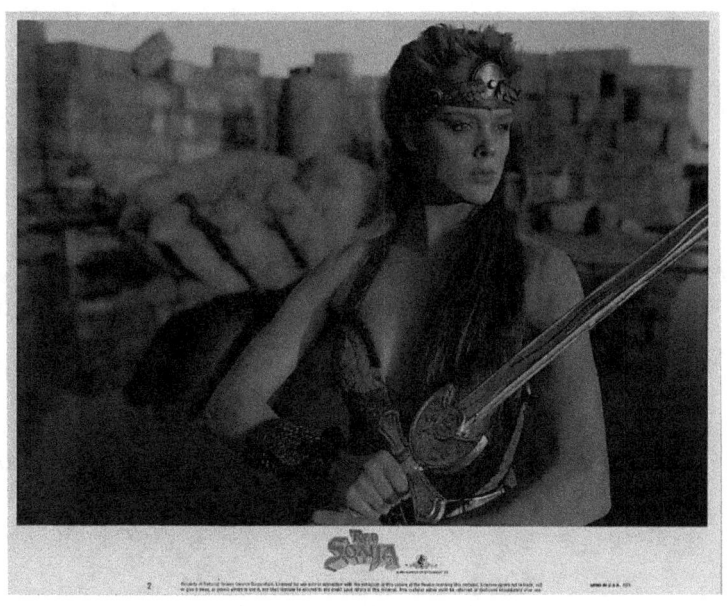

Nachdem die Autoren der Serie, allen voran Roy Thomas, der die meisten Geschichten um den Barbaren erzählt hatte, viele von Howards Geschichten in Comics umgewandelt hatten und selbst Geschichten, in denen andere von Howards Helden vorkamen, plötzlich mit Conan neu erzählte, kam die Red Sonja zu der Ehre, zu einer Weggefährtin und Freundin des Barbaren zu werden.

Auf diese Abenteuer, denen bald auch eigene Romane folgten, basiert der Film, der abermals von Dino DeLaurentiis produziert und von Richard Fleischer inszeniert wurde. Fleischer folgte bei diesem Abenteuer, das wie eine Mischung aus den beiden CONAN-Filmen anmutet, der Tradition seines CONAN THE DESTROYER, musste dabei aber auf ein verschwindend geringes

Budget zurückgreifen, weswegen Hyborien seltsam unbewohnt aussieht.

Während die Ausstattung und die Matte Paintings gut gelungen sind, ist der Film in jeder anderen Hinsicht ein Ärgernis. Es beginnt beim hölzernen Spiel von Brigitte Nielsen, die als Red Sonja so viel schauspielerisches Talent wie ein Waschbrett hat und endet bei der an sich infantilen Geschichte, die jeden unter zehn Jahren schnell langweilen wird.

Da rettet auch Arnold Schwarzenegger nichts mehr, da er hier ohnehin nur in einer Nebenrolle auftreten darf. Er stellt übrigens einen völlig neuen Charakter namens Kalidor dar, wobei dem Film aber besser gedient gewesen wäre, wenn er als Conan seinen Gastpart absolviert hätte.

Mit diesem letzten Zucken schien der Barbarenfilm tot und das Genre ausgelutscht zu sein. Angesichts der Verwässerung, die Howards Helden innerhalb von gerade einmal drei Filmen erlebten, sollte es nicht verwundern, dass die Quittung in ausbleibenden Zuschauerzahlen präsentiert wurde.

Gerüchte über einen dritten Teil von CONAN hielten sich jedoch beständig, wobei der Film auch immer wieder einmal angekündigt wurde. Ende der 80er Jahre gab Raffaella DeLaurentiis ein Drehbuch für CONAN 3 in Auftrag. Dabei war sie sich darüber im Klaren, dass sie diesen Film nur machen würde, wenn Arnold Schwarzenegger für die Titelrolle zurückkehren würde. Das fertige Drehbuch von Charles Edward Pogue wurde Schwarzenegger übergeben, der es recht gut fand, sich aber lange nicht so recht entscheiden konnte.

Schließlich befand er, dass eine Rückkehr zu Conan zu diesem Zeitpunkt seiner Karriere vielleicht keine gute Idee war, weswegen er das Angebot ausschlug.

Nachdem sich Schwarzenegger nicht für das Projekt entschieden hatte, ging man dazu über, das Drehbuch neu zu schreiben und es auf Howards anderen Barbaren Kull zuzuschneiden. Das Problem war jedoch immer noch, einen geeigneten Schauspieler für den Part zu finden. Neben einem Kampf um das Drehbuch, das zahlreiche Male umgeschrieben und dabei nicht gerade besser wurde, dauerte es auch seine Zeit, die Rolle zu besetzen. Nachdem Leute wie Jean-Claude van Damme oder Jason Scott Lee in Betracht gezogen wurden, erwies sich Kevin Sorbo als der Richtige. Allerdings war dieser gerade mit seiner Serie HERCULES beschäftigt, weswegen man sich entschloss, darauf zu warten, bis er die Zeit für diesen Film, an dem er auch interessiert war, fand.

Was die Geschichte betrifft, so hält sich diese natürlich nur vage an Howards Vorlage. Hier wie dort steigt Kull vom Barbaren aus Atlantis zum König von Valusia auf. Damit enden die Gemeinsamkeiten aber auch schon. In KULL THE CONQUEROR (KULL, DER EROBERER), der 1997 in die Kinos kam, wird Kull König, von seiner Frau aber betrogen und des Throns enthoben. Nun setzt Kull alles daran, Akivashas Herrschaft zu brechen.

Der Film von John Nicolella ist ein hübscher Vertreter des Genres und eine Mischung aus beiden CONAN-Filmen. Weder so brutal wie CONAN THE BARBARIAN noch ganz so verspielt wie CONAN THE

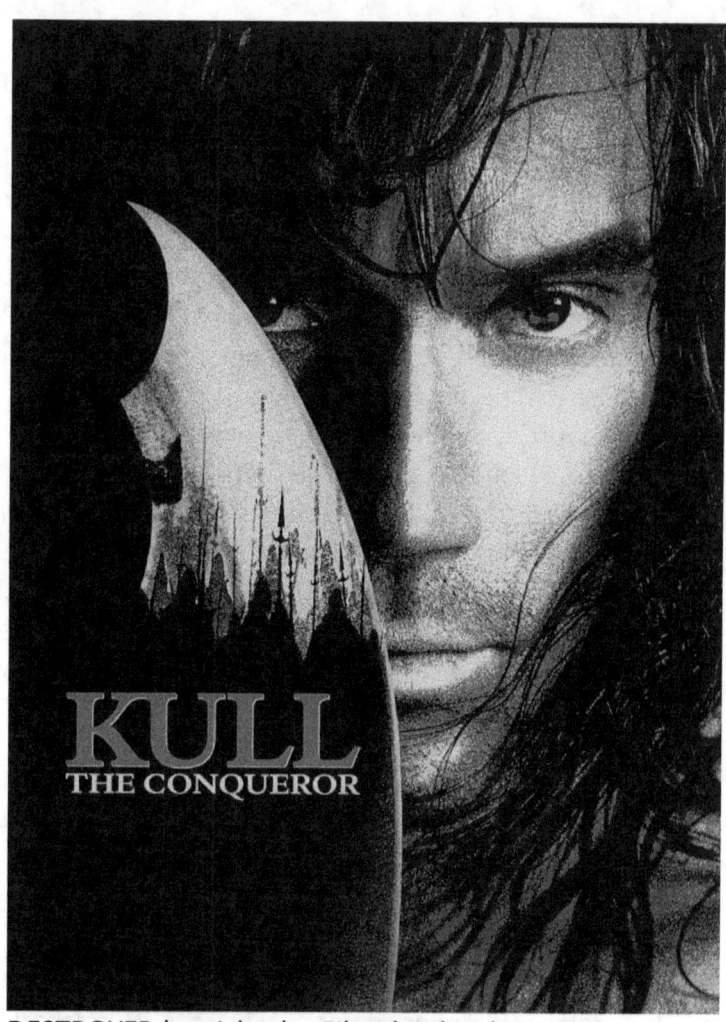

DESTROYER besticht der Film durch schöne Kulissen und einen sympathischen Hauptdarsteller, der seinen Herkules-Charakter hier nur geringfügig variiert und ein oder zwei dunklere Nuancen einbringt.

Der Film bietet angenehme Unterhaltung, wobei die allzu moderne Musik das Spektakel jedoch nicht adäquat unterstützt, sondern störend von der Handlung ablenkt. Davon abgesehen ist er nach CONAN THE BARBARIAN aber sicherlich die ansprechendste Howard-Verfilmung, auch wenn sie die Vorlage nur fragmentarisch benutzt. Da er ansonsten aber in praktisch jeder Disziplin funktioniert, hätte er größeren Erfolg verdient. Dieser wurde ihm aber verwehrt und so entwickelte sich KULL THE CONQUEROR zum herben Flop.

Im darauffolgenden Jahr gab es jedoch schon neue Abenteuer aus Hyborien. Diesmal sollten sie jedoch nicht im Kino, sondern im Fernsehen stattfinden. Nach dem Fantasy-Erfolg von HERCULES und XENA wollten sich auch andere ein Stück vom Erfolgskuchen abschneiden und lancierten Fantasy-Serien. Insofern war es nur eine Frage der Zeit bis jemand auf die Idee kam, Conan in Serie gehen zu lassen.

Ab ins Fernsehen

1997 startete CONAN (CONAN, DER ABENTEURER) wie die Serie schließlich hieß, und war auch bald im deutschen Fernsehen zu sehen. Diesmal hatte der Deutsche Ralf Möller, seines Zeichens Bodybuilder, die Hauptrolle übernommen und schickte sich nun wie weiland sein Freund Schwarzenegger an als kraftstrotzender Conan Karriere zu machen.

Die Idee an sich, Conan zahme Fernsehabenteuer im Stil von CONAN THE DESTROYER erleben zu lassen, ist ja eigentlich nicht schlecht, aber die Ausführung zeigte,

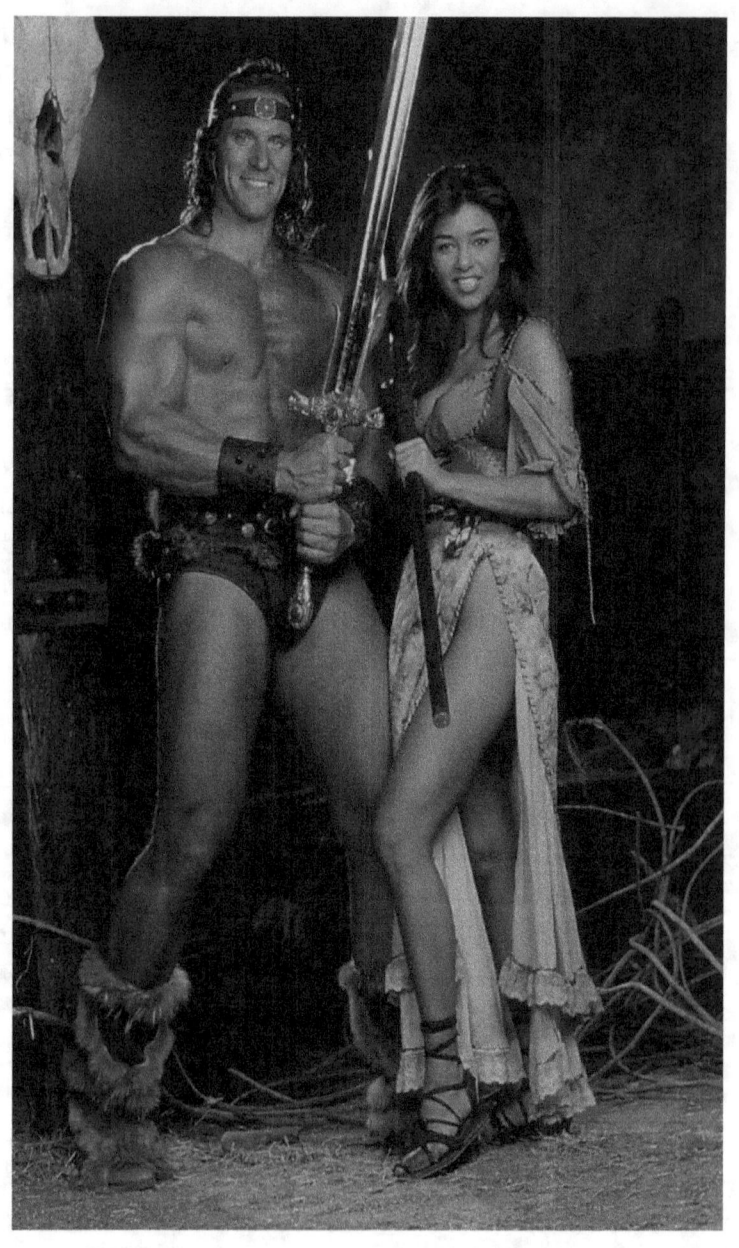

dass es nicht so leicht ist, den Barbaren ordentlich in Szene zu setzen.

Gegen Möller lässt sich wenig sagen; sein Spiel ist nur unwesentlich schlechter als das von Schwarzeneggers frühen Auftritten. Das Problem liegt aber in den phantasielosen Geschichten, die Conan abermals ein Team bescheren und ihn fortwährend gegen einen Zauberer, der Cimmeria, seine Heimat, beherrscht, kämpfen lässt.

Zum Teil grottenschlechte Schauspieler bevölkern Conans Fantasylandschaft und schlagen sich mit billigen Requisiten und schrecklichsten Kulissen herum. Dass einer solch hingeschluderten Serie kein Erfolg beschieden sein würde, war natürlich klar und so endete das neueste CONAN-Abenteuer auch nach nur einer Season.

Zwar sprach noch Jahre später Ralf Möller davon, dass es eine weitere Season geben wird, doch Früchte trug sein Mantra natürlich nicht. Nach dem Misserfolg im Fernsehen hätte man nicht erwartet, dass eine weitere CONAN-Verfilmung in absehbarer Zeit Wirklichkeit werden würde. Und es sind auch schon wieder einige Jahre vergangen. Jahre, in denen über mögliche Projekte referiert wurde. Einmal gar kam das Projekt eines neuen CONAN-Films der Grünlichtphase schon unheimlich nahe, doch am Ende zerbarst es doch wieder. Man hatte John Milius geholt, um einen neuen Film zu machen. Das Drehbuch sollte von ihm sein und Unterstützung hätte er bei den durch THE MATRIX bekannt gewordenen Regisseuren, den Wachowskis, gefunden.

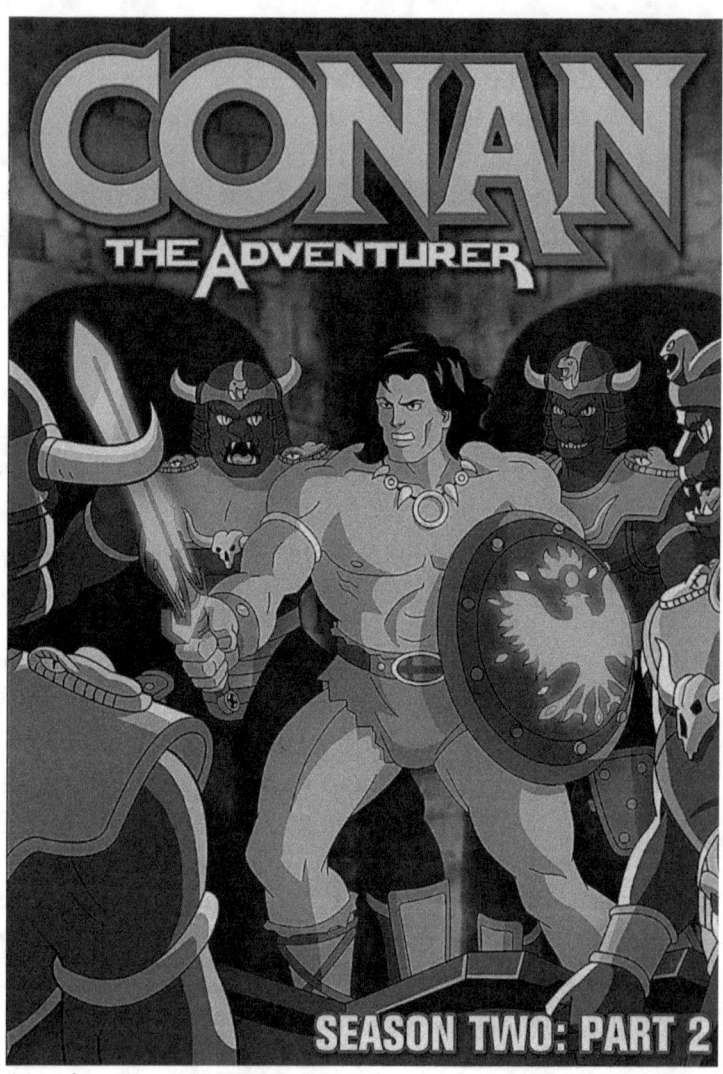

Die Idee war, mit KING CONAN – ein möglicher Untertitel war THE IRON CROWN, eine Fortsetzung zu Milius' Original zu realisieren. Dass Arnold Schwarzenegger hier hätte mitwirken können, wäre ob der Politikkarriere der steirischen Eiche eher fraglich gewesen. Doch diese Frage wirklich zu erörtern, dazu kam es nicht mehr, denn kreative Differenzen zwischen Milius und dem produzierenden Studio Warner führten einmal mehr dazu, dass das Projekt gestoppt wurde. Dabei hatte Milius sich schon mögliche Drehorte in der Türkei angesehen.

Es wurde später wieder aufgegriffen, als Arnold Schwarzenegger seine politische Karriere beendete und wieder vor der Kamera stand – aber mittlerweile hat man es einmal mehr gestoppt.

2008 sollte es aber noch den Zeichentrickfilm CONAN: RED NAILS geben Anders als die Zeichentrickserie aus den 90er Jahren (CONAN THE ADVENTURER brachte es von 1992 bis 1993 auf 65 Episoden, gefolgt von 13 Folgen CONAN AND THE YOUNG WARRIORS) sollte dieser Film auf ein erwachsenes Publikum abzielen. Conan sollte von Ron Perlman gesprochen, weitere Sprechparts gingen an Mark Hamill, Clancy Brown James Marsden und Marg Helgenberger. „Red Nails" war die letzte Geschichte, die vor Howards Tod im Jahr 1936 veröffentlicht wurde. Und in ihr stößt Conan erneut auf Valeria, die er tot wähnte. Aber auch dieses Projekt wurde vorzeitig gestoppt.

Ein wenig verantwortlich für das neu entfachte Interesse am Barbaren sind sicherlich auch die bei Dark Horse erscheinenden Comics zu CONAN, die große Erfolge feiern und mittlerweile auch in deutscher Umsetzung durch den Panini Verlag veröffentlicht werden. Nach Conan, der beim Verlag Dark Horse reitet, hat sich auch Red Sonja wieder aufs Pferd geschwungen,

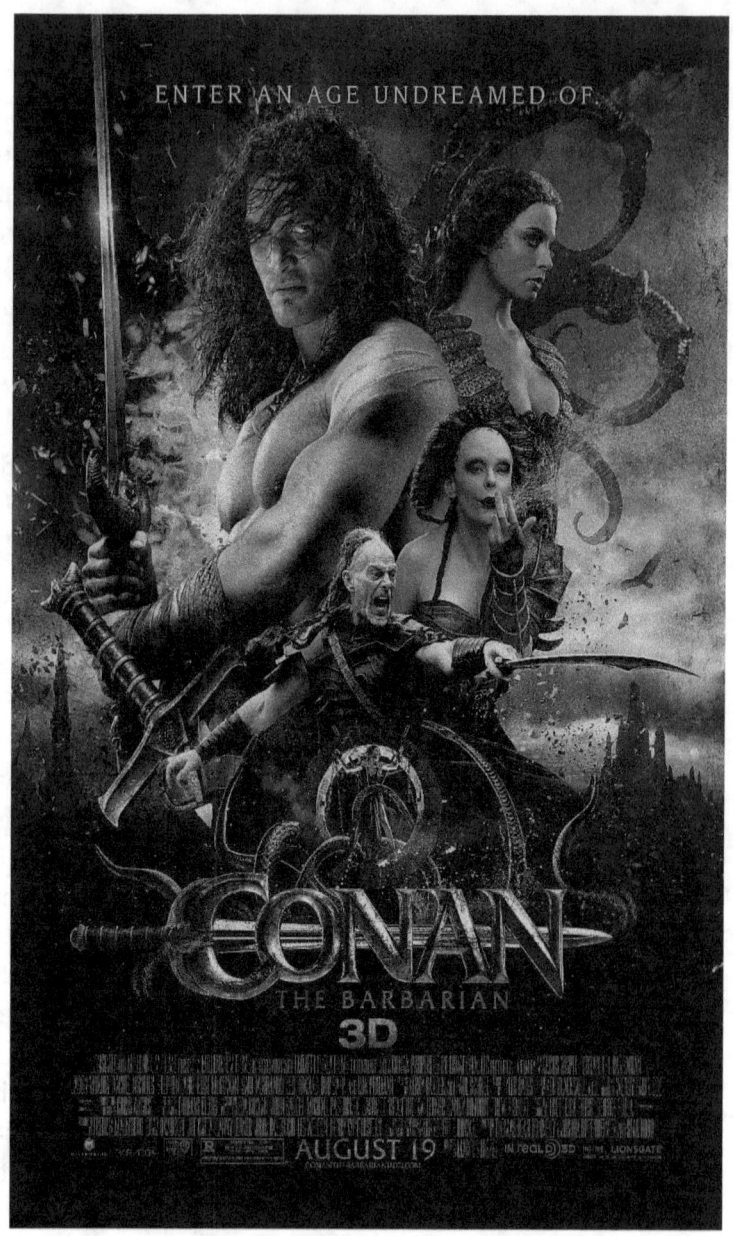

und zwar beim amerikanischen Verlag Dynamite. In Deutschland hat auch sie ihr Heim zeitweise bei Panini gefunden. Der Erfolg der roten Sonja spricht ebenfalls für sich und so überrascht es nicht, dass auch hier ein neuer Film angekündigt worden ist. Millennium Films wollte den Film produzieren, für die Hauptrolle war Rose McGowan vorgesehen. Produzieren sollte ihr damaliger Freund, der Regisseur Robert Rodriguez. Aber das Projekt konnte die Development Hell nie verlassen.

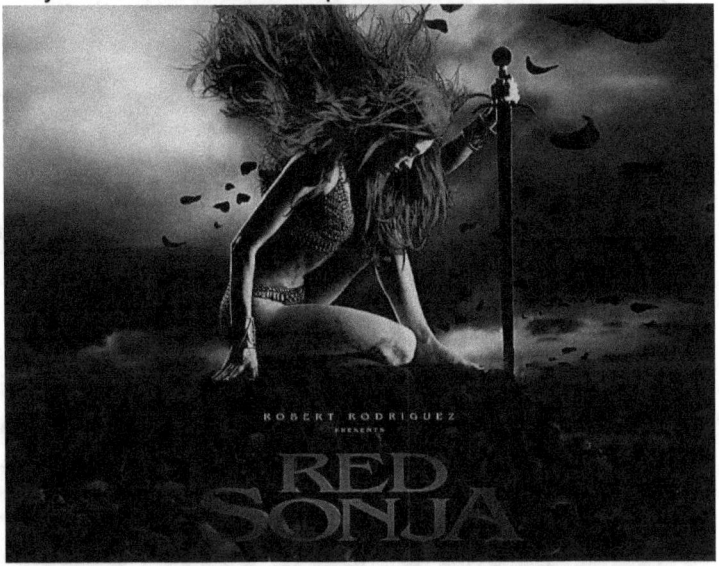

Ebenfalls in Vorproduktion war THULSA DOOM. Der usterbliche Zauberer, der sich schon mit Conan und Kull herumschlagen musste, sollte im Film jedoch eine Art Antiheld werden. Zu dem Zweck hatte Dynamite auch eine Comic-Serie gestartet, die ihn in besserem Licht erscheinen ließ. Die Hauptrolle sollte von Djimoun Hounsou übernommen werden.

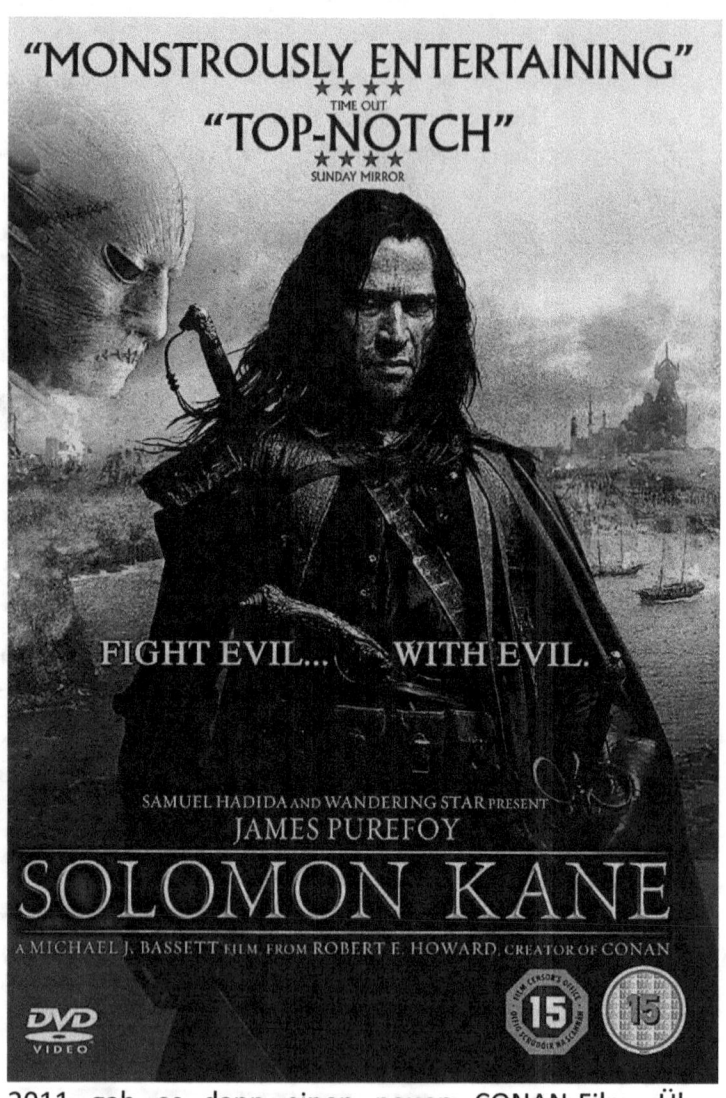

2011 gab es dann einen neuen CONAN-Film. Über
Besetzung und Macher ist noch nichts bekannt. Klar ist
jedoch, dass es in den letzten Jahren verschiedene

Versuche gab, den Barbaren aus Cimmeria wieder ins Kino zu bringen.

Produziert wurde auch SOLOMON KANE, der von Michael J. Bassett geschrieben und inszeniert wurde. Die Hauptrolle spielt James Purefoy, unterstützt wird er von Max von Sydow, Jason Flemyng, Rachel Hurd-Wood, Pete Postlethwaite und dem Newcomer Philip Winchester. Solomon Kane ist ein Puritaner, der in der Neuen Welt gegen Hexen und andere dämonische Mächte kämpft. Mit Hyborien hat er damit zwar praktisch Nullkommanichts zu tun, aber als Howardscher Held mit durchaus nennenswerter literarischer Vergangenheit, darf er hier nicht unerwähnt bleiben.

Die bisherigen Verfilmungen waren – abgesehen von CONAN THE BARBARIAN – zwar nette Unterhaltung, aber alles andere als großes Erfolgskino. Sie illustrierten bestens, dass die Howard-Verfilmungen nur bedingt den Geist der Erzählungen ihres Schöpfers atmen. Nichtsdestotrotz bestehen sie aber als interessantes Subgenre der Phantastik, zu dem man immer wieder einmal gerne zurückkehrt und von dem man mehr sehen möchte. Und das auch bald schon wieder im Kino …

Einspielergebnisse

Ein wirklicher Erfolg war nur der erste CONAN-Film, der in USA mit der Kinoauswertung in etwa kostendeckend life, das echte Geld jedoch mit der Auslands- und Videoauswertung machte.

Conan the Barbarian
Budget: 20 Millionen Dollar
Einspielergebnis USA: 39,5 Millionen Dollar
Einspielergebnis Rest der Welt: 29,3 Millionen Dollar

Conan the Destroyer
Einspielergebnis USA: 31 Millionen Dollar

Red Sonja
Budget: 17,9 Millionen Dollar
Einspielergebnis USA: 6,9 Millionen Dollar

Kull the Conqueror
Einspielergebnis USA: 6 Millionen Dollar

Solomon Kane
Budget: 45 Millionen Dollar
Einspielergebnis weltweit: 19,4 Millionen Dollar

Conan
Budget: 90 Millionen Dollar
Einspielergebnis USA: 21,2 Millionen Dollar
Einspielergebnis Rest der Welt: 42 Millionen Dollar

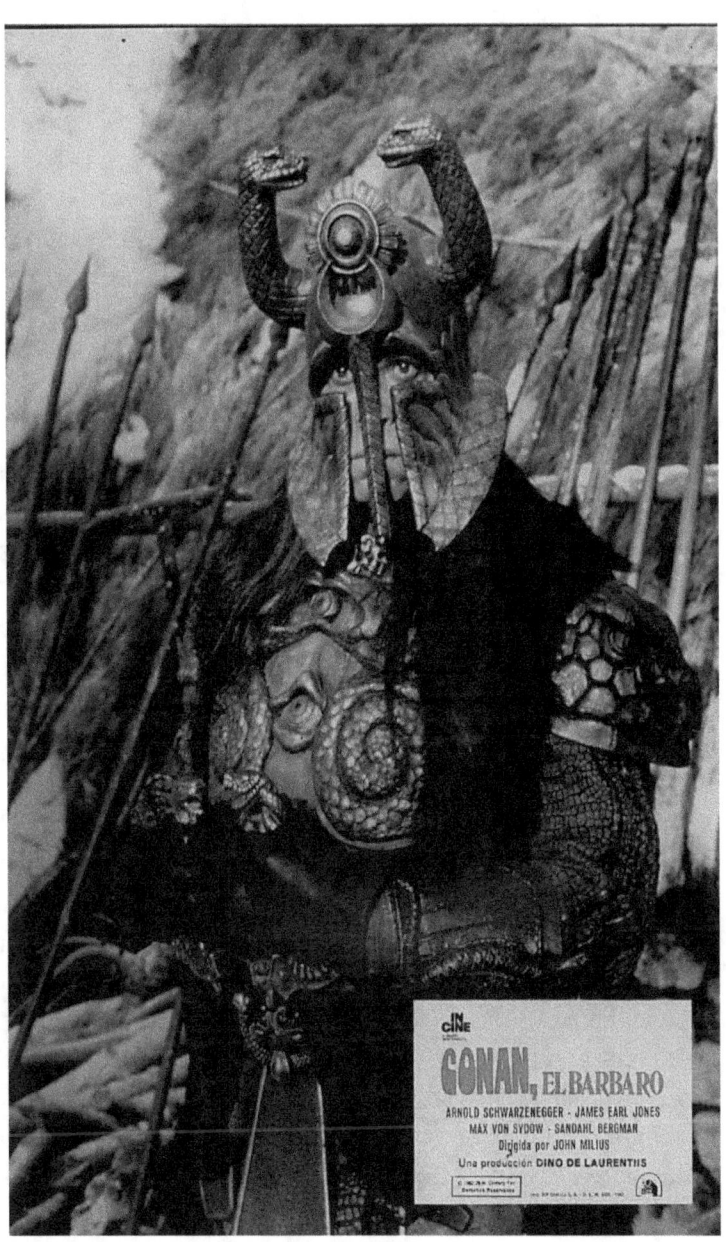

Hyborische Comics

„Conan" wurde von Robert E. Howard in den 30er Jahren erschaffen und zum Erfolg, aber nach dem Tod des Autors im Jahr 1936 dauerte es bis Mitte der 60er, bevor „Conan" erneut seinen Siegeszug antrat. Eine Veröffentlichung sämtlicher Howard-Bücher sorgte für ein erneutes Interesse nicht nur an Howards populärster Schöpfung, sondern auch an der Spielart des Sword-and-Sorcery-Genres.

Das blieb auch Roy Thomas nicht verborgen, der schon immer ein besonderes Faible für Howard hatte. Thomas sprach mit Martin Goodman, dem Verleger von Marvel Comics, und konnte ihn überzeugen, dass es sich als äußerst rentabel herausstellen könnte, „Conan" zu lizenzieren. Goodman ließ sich breitschlagen und so war es Thomas möglich, die Rechte an einer Comic-Version von „Conan" dem Howard Estate abzukaufen. Dabei durfte er sämtliche Romane und Kurzgeschichten von Howard verwenden, als auch eigene Geschichten ersinnen.

Im Sommer 1970 konnte endlich „Conan the Barbarian" starten. Thomas schrieb die Geschichten, verwendete dabei Howard'sche Vorlagen zusammen mit eigenen Ideen und hatte einen Zeichner gefunden, der wie kein anderer die prächtige Welt des sagenhaften Reiches Hyborien gestalten sollte: Barry Windsor-Smith.

Als Windsor-Smith für Marvel zu arbeiten begann, hatte er sich an den Arbeiten von Jack Kirby orientiert. Bei „Conan" sollte jedoch alles anders werden. Er ließ sich von Gemälden und Zeichnungen des

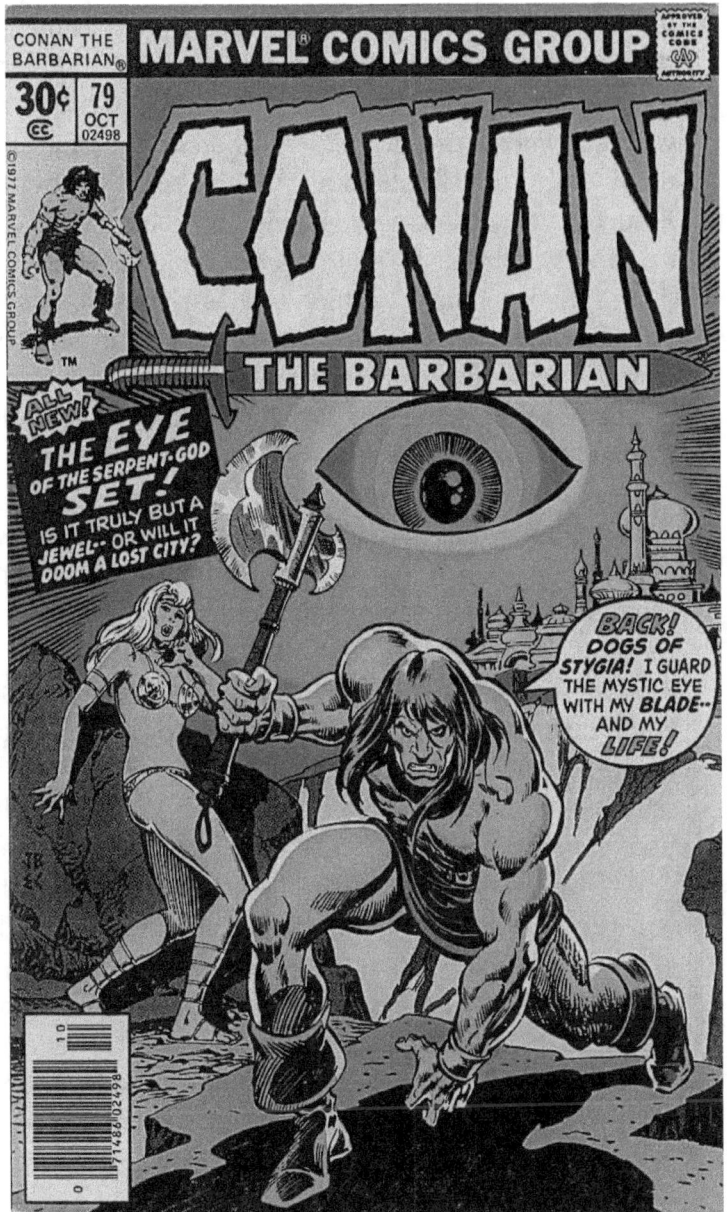

letzten Jahrhunderts inspirieren und schuf Zeichnungen, die zugleich kraftvoll, als auch filigran waren und jeden in ihren Bann zogen. Mit jeder verstreichenden Nummer wurde Windsor-Smith besser, aber auch langsamer, denn mit fortschreitender Akribie, die er betrieb, brauchte er zusehends länger, um eine Seite zum Abschluss zu bringen. Der Druck der Deadlines wurde für den Künstler immer größer, sodass er sich vor die Entscheidung gestellt sah, entweder schneller und damit weniger ausgefeilt zu arbeiten oder seine Tätigkeit ganz einzustellen. Er entschied sich für Letzteres und verließ „Conan", um mit einigen anderen wie Jeff Jones ein eigenes Studio zu gründen.

„Conan the Barbarian" war nicht vom Start weg ein Erfolg, aber mit jedem Heft sorgte positive Mundpropaganda dafür, dass die Verkäufe stiegen. Langsam, aber sicher entwickelte sich Conan zum Erfolg. Die Verkäufe stiegen sogar noch an, nachdem Windsor-Smith ausgestiegen war. Ihm folgte mit Ausgabe 25 John Buscema nach, der für viele einen definitiven Conan schuf, der weit muskelbepackter war als Windsor-Smiths Version.

Neben „Conan the Barbarian" wollten Stan Lee und Roy Thomas einen erwachsenen „Conan"-Titel etablieren. Das Ergebnis war „Savage Tales", das im Magazinformat erschien und schwarzweiße Comics enthielt. Da es faktisch ein Magazin war, unterlag es nicht den Vorschriften des Comics Code, sodass Thomas hier weit freier seine Geschichten ersinnen konnte. „Savage Tales" wurde Mitte der 70er Jahre wieder eingestellt, aber durch den Titel „The Savage Sword of

Conan" ersetzt, der bis in die 90er Jahre erfolgreich laufen sollte und auch eine teilweise deutsche Veröffentlichung im Hethke-Verlag erlebt hat. Bei Panini gab es ein paar Alben mit dem Schwarzweiß-Material. Dort publizierte man später auch die neuen „Conan"-Comics von Dark Horse.

In den 80er Jahren gab es außerdem noch die Serie „King Conan", die die Abenteuer eines älteren, reiferen Conan, der mittlerweile König über das Reich Aquilonien ist und einen Sohn hat, erzählte. Zu Beginn der 90er Jahre waren die Leser des Barbarenthemas müde, sodass die Serien ihrem Ende entgegengingen. Seitdem veröffentlicht Marvel immer wieder mal eine Miniserie zu „Conan", hält sich von fortlaufenden Reihen jedoch zurück. Während „Conan the Barbarian" in der langlebigen Taschenbuchreihe von Condor mit dabei war, sah der Verlag für die kurzlebige Albenreihe „Conan" die Veröffentlichung der Königsabenteuer vor.

Da sich „Conan" als erfolgreich erwiesen hatte, wollte man es bei Marvel auch mit weiteren Barbaren aus Howards Feder versuchen. Schon während Windsor-Smiths Run führte Thomas die Heldin Red Sonja ein, die ebenfalls von Howard geschaffen worden war, jedoch zur Zeit der Türkenbelagerung Wiens aktiv war. Für „Conan the Barbarian" wurde sie ins hyborische Zeitalter verfrachtet, wo sie durchaus erfolgreich aktiv war. Bei Marvel versuchte man immer wieder, eigene Serien mit der rassigen rothaarigen Kämpferin zu etablieren, doch diese konnten sich – übrigens ebensowenig wie eine Romanreihe und der Kinofilm – behaupten. Über Umfang und Format von Miniserien kam man mit „Red

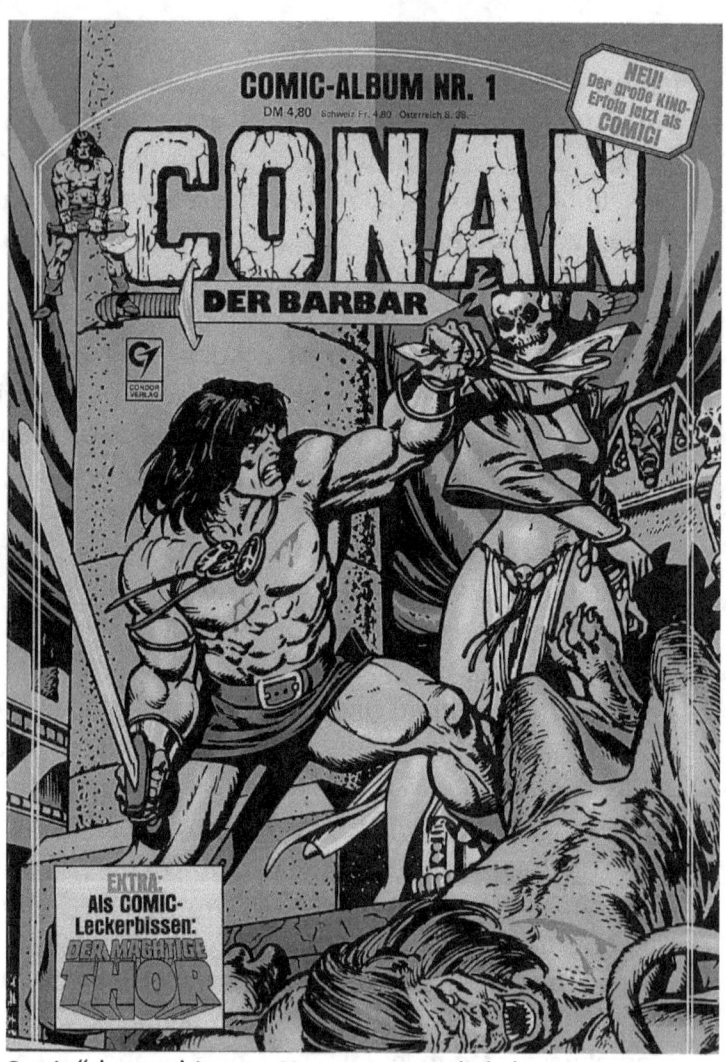

Sonja" kaum hinaus. Nur unwesentlich besser erging es
Kull, einem Barbaren, der tausende von Jahren vor
Conan gelebt hatte und so etwas wie Howards Prototyp
für den Cimmerier war. In der Welt der Comics

unterschieden sich Kull und Conan kaum, sahen bei vielen Zeichnern sogar ähnlich bis gleich aus.

Trotzdem war dem Herrscher von Atlantis nicht derselbe Erfolg wie dem Barbaren aus Cimmeria beschieden, auch wenn Marvel immer wieder versuchte, ihn mit eigenen Serien zu etablieren. In Deutschland gab es nie entsprechende Veröffentlichungen. Vielmehr wurden „Red Sonja" und „Kull" des Öfteren im „Conan Taschenbuch" eingegliedert.

Vor ein paar Jahren griff jedoch der Verlag Dark Horse die Lizenz auf und veröffentlicht seitdem eine sehr erfolgreiche neue Serie, die sich oftmals sehr nah an die Originalvorlagen von Howard hält. Diese Geschichten haben mittlerweile auch den Weg nach Deutschland gefunden, wo sie von Panini veröffentlicht werden. Des Erfolges wegen startete Dark Horse auch eine neue „Solomon Kane"-Serie gestartet, publizierte „Kull" und veröffentlicht das alte Marvel-Material in ansprechenden Sammelbänden. Bei Dynamite erscheinen die Abenteuer von „Red Sonja".

Sie erlebte auch kurzzeitig Abenteuer in Roy Thomas' Cross Plains Verlag. Außerdem gab es immer mal wieder Adaptionen verschiedener Howard-Stories, darunter zweimal „Pigeons from Hell". IDW wiederum hat die „Kull"-Lizenz erworben und eine Miniserie veröffentlicht, bei der der atlantische Krieger querbeet durch alle Zeiten Abenteuer erlebt.

Ein guter Teil des alten Materials wurde seinerzeit von Condor in einer Taschenbuchausgabe und von Hethke in seinem Magazin „Die Sprechblase" bzw. in eigenen Büchern publiziert. Bei Panini gab es ein paar Alben mit

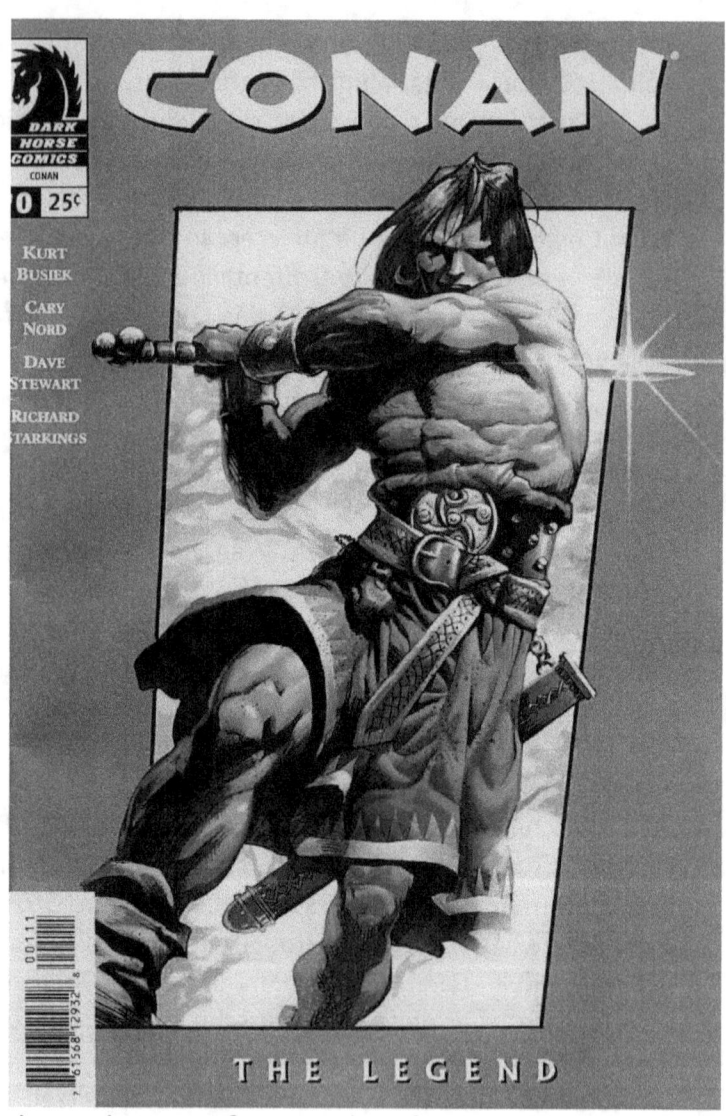

dem Schwarzweiß-Material, außerdem publizierte man auch einige, aber nicht alle „Conan"-Comics von Dark Horse.

Arnold – Vom Bodybuilder zum Politiker

Hätte vor 25 Jahren jemand behauptet, dass Arnold Schwarzenegger - damals als dauerfeuernder Muskelheld im Kino präsent - einmal das höchste politische Amt im US-Bundesstaat Kalifornien bekleiden würde, hätte man ihn wohl nur ausgelacht. Zwei Jahrzehnte später ist Schwarzeneggers Kritikern das Lachen vergangen, denn die „steirische Eiche" hat es tatsächlich geschafft, ganz an die Spitze zu kommen.

Geschichten wie die vom mittellosen Jungen, der sich vom Tellerwäscher zum Millionär hochgearbeitet hat, haben den Mythos von Amerika als dem Land der unbegrenzten Möglichkeiten geprägt. Die zeitgemäße Version ist die Geschichte von Arnold Schwarzenegger, der es allen Widrigkeiten zum Trotz geschafft hat, mit der richtigen Mischung aus Beharrlichkeit und Glück nach oben zu kommen.

Viele Kinder erklären ihren Eltern, später einmal reich und berühmt werden und es weit bringen zu wollen - als der kleine Arnold Alois Schwarzenegger derlei Absichten bekundete, konnte aber wohl noch niemand ahnen, wie ernst es ihm damit war. Geboren wurde er am 30. Juli 1947 als zweites Kind von Aurelia und Gustav Schwarzenegger im beschaulichen Thal in der Steiermark. Die Gegend war beschaulich, das Leben jedoch nicht, denn Gustav Schwarzenegger führte ein strenges Regiment und schreckte auch vor körperlicher Züchtigung nicht zurück. So hatte Schwarzenegger immer ein gespaltenes Verhältnis zu seinem Vater und vermied es später auch, über ihn zu reden. Über seine

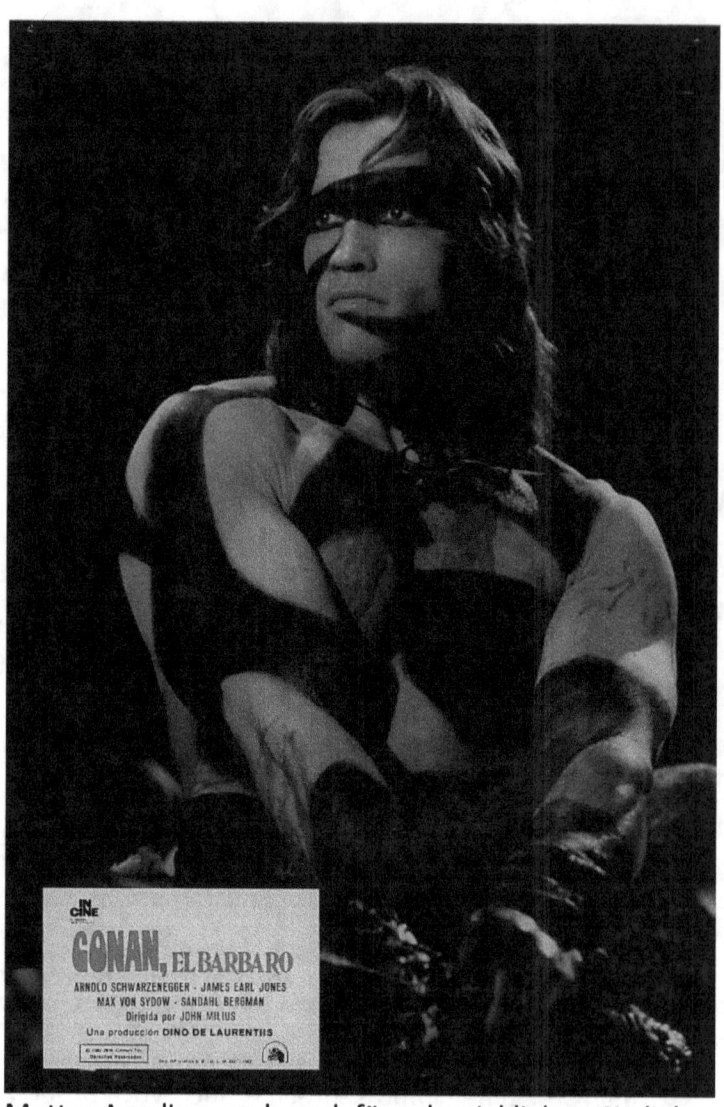

Mutter Aurelia sprach er dafür sehr viel lieber. Sie liebte er wirklich, hatte sie doch all ihre eigenen Träume aufgegeben, um für ihre Kinder da zu sein. Das vergalt ihr Schwarzenegger später, als er erfolgreich war.

Aufgewachsen in ärmlichen Verhältnissen, entdeckte der junge Arnold schon früh seine Liebe zu Sport und Muskeltraining und begann, wie er es später nannte, seinen „Körper zu formen". Bodybuilding wurde Arnolds Leidenschaft, und mit viel Schweiß und Zähigkeit begann er, seinen Körper zu einem Kunstwerk zu modellieren, das antike Bildhauer vor Neid hätte erblassen lassen.

Auf das Bodybuilding wurde er im Alter von 14 Jahren aufmerksam. Er hatte ein Magazin gesehen, auf dessen Cover Reg Park als Herkules zu sehen war. Arnold kaufte es und erkannte, dass der Schauspieler zuvor Mister Universum war. Das wollte er auch werden. So begann er zu trainieren und lernte in Graz den amtierenden Mr. Austria Kurt Marnul kennen. Über ihn kam er auch ins Liebenauer Stadion und lernte dort andere Bodybuilder kennen.

Arnold kam nach München und errang dort den Titel „Junior Mr. Europe". Bei dem Wettbewerb lernte er auch Franco Columbo kennen, mit dem ihn seit jenen Tagen eine tiefe Freundschaft verbindet. 1966 zog Arnold endgültig nach München und arbeitete weiter an seiner Karriere.

Die ersten Titel ließen prompt nicht lange auf sich warten. Schon bald wurde Schwarzenegger aber klar, dass Österreich, ja sogar Europa zu klein wäre für seine Träume. Er entschloss sich, nach Amerika zu gehen, das damals noch ungleich mehr als heute für Modernität, Wohlstand und natürlich unbegrenzte Möglichkeiten stand. Mit Anfang zwanzig sagte Arnold der beschaulichen Heimat ade und buchte ein Ticket in die

Staaten - one way, versteht sich. Denn daran, dass er es dort bis ganz nach oben schaffen würde, hat Schwarzenegger nach eigenem Bekunden schon damals nie ernstlich gezweifelt.

Joe Weider, eine Koryphäe des Bodybuildings, der mit Magazinen und Fitness-Produkten ein Vermögen gemacht hatte, holte Arnold nach Kalifornien. Er gab ihm, was er zum Leben brauchte, und promotete ihn in seinen Magazinen. Schwarzeneggers Karriere gedieh langsam und er überzeugte Weider, auch Franco Columbo nach Kalifornien zu holen. Die Freunde waren wieder vereint.

1969 lernte Schwarzenegger Barbara Outland Baker kennen. Beide wurden ein Paar und blieben bis 1974 zusammen. Dass sie sich trennten, lag letzten Endes daran, dass ihrer beider Lebensentwurf nicht miteinander harmonierte. Sie wollte ein normales, bodenständiges Leben, Arnold hingegen mehr von allem.

Neben dieser Beziehung ließ Arnold aber nichts anbrennen. Er war ein Mann, der die Frauen verführte. Zwar war er selten mit ein und derselben Dame mehr als einmal aus, aber das reichte ihm auch. Seine Affären waren purer Spaß, während seine Beziehung ihm gab, was er emotional brauchte.

Der große Erfolg freilich ließ noch ein wenig auf sich warten. Zwar ergatterte Arnold Schwarzenegger schon 1970 seine erste Titelrolle in einem Film, das Ergebnis fiel allerdings recht mager aus: Zum einen war die Komödie HERCULES IN NEW YORK ein Low Budget-Streifen, der an den Kinokassen kläglich floppte, zum anderen brachte der Film nur zu deutlich Arnolds

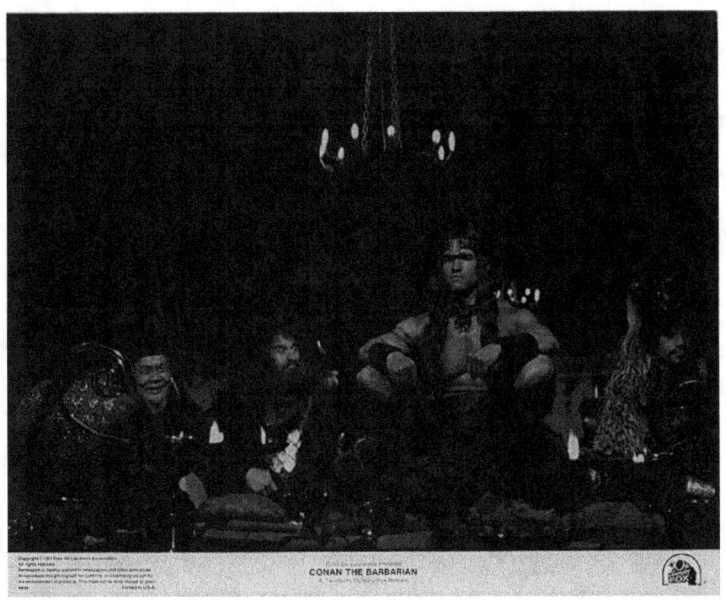

CONAN THE BARBARIAN

Defizite zum Vorschein: Seine kaum ausgebildeten schauspielerischen Fähigkeiten und seinen meterdicken steirischen Akzent - dass letzterer einmal sein Markenzeichen werden würde, konnte ja noch niemand ahnen.

Der für Amerikaner geradezu zungenbrecherische Name Schwarzenegger wurde in Arnolds erstem Film zudem gleich ganz weggelassen - in den Credits taucht er als „Arnold Strong" auf. In unseren Breiten ist diese frühe Gurke, die Schwarzenegger später am liebsten aufgekauft hätte, zuerst auf VHS erschienen.

Frustriert vom Filmgeschäft, das er sich denn doch ein wenig anders vorgestellt hatte, wandte sich Schwarzenegger wieder seiner eigentlichen Domäne zu - dem Bodybuilding. Und das mit durchschlagendem Erfolg: Nicht weniger als fünf „Mister Universum" und sechs „Mister Olympia"-Titel konnte er zwischen 1970 und 1980 für sich verbuchen - ein Rekord, der lange Zeit ungebrochen blieb. Der Name Schwarzenegger kam ins Gespräch, und sowohl für die Fans als auch für die Kritiker des Kraftsports wurde er zum Synonym für Bodybuilding schlechthin.

Dazu trug auch bei, dass die Autoren George Butler und Charles Gaines ihre Bodybuilding-Bibel „Pumping Iron", die Mitte der 70er Jahre erschien, mit Fotos von Arnold illustrierten. 1977 wurde ein Dokumentarfilm zum Buch gedreht, in dem Schwarzenegger ebenfalls mit dabei war. Damit kehrte er ins Filmgeschäft zurück - diesmal, wie sich zeigen sollte, mit ungleich mehr Erfolg.

Schon ein Jahr zuvor hatte er im Streifen MISTER UNIVERSUM - STAY HUNGRY an der Seite von Jeff Bridges und Sally Field gespielt, war dabei aber unauffällig geblieben. Der eigentliche Startschuss für den Beginn seiner Filmkarriere fiel mit dem Streifen KAKTUS JACK (1979), in dem Arnold Schönchen Fremder mimte und als solcher eigentlich nur gut auszusehen brauchte. Mehr darstellerisches Können wurde schon in den Streifen SCAVENGER HUNT (ebenfalls 1979) und DIE JAYNE MANSFIELD STORY (1980) verlangt, in der er Mansfields muskelbepackten Ehemann Mickey Hargitay verkörperte.

Nachdem er in Sachen Bodybuilding alles erreicht hatte, was man erreichen konnte, stürzte sich Arnold Schwarzenegger nun mit derselben Beharrlichkeit in seine Karriere als Schauspieler. Er nahm Unterricht, um sein Spiel zu verbessern und arbeitete an seinem Akzent (mit leidlichem Erfolg). Schließlich bekam er die Rolle, die ihm geradezu auf den muskulösen Body geschrieben war: die des Titelhelden im Fantasy-Streifen CONAN DER BARBAR.

Bereits in den 30er Jahren hatte sich der amerikanische Pulp-Autor Robert E. Howard die Figur des schwarzhaarigen Cimmeriers mit den blauen Augen ausgedacht, der in einer fiktiven, phantastischen Vorzeit aufregende Abenteuer erlebt und Kämpfe gegen irdische und übernatürliche Gegner bestehen muss. So richtig populär geworden war die Figur jedoch erst in den 70er Jahren, als der Marvel-Verlag Conan als Comicserie adaptierte und aus Howards Barbarenkrieger einen muskulösen Superheroen machte. Als Produzent Dino de Laurentiis die Filmrechte an dem Stoff erwarb, war ihm klar, dass die reale Verkörperung von Conan ihrem gezeichneten Vorbild in nichts nachstehen dürfte, weil man die Fans der Comics schließlich nicht enttäuschen wollte.

So bot es sich an, die Rolle mit einem Bodybuilder zu besetzen - und Arnold Schwarzenegger war zur richtigen Zeit am richtigen Ort. Mehr noch, seine kantige Darstellung und sein Akzent trugen sogar dazu bei, ihn die Rolle des Barbarenkriegers noch glaubwürdiger verkörpern zu lassen. Schwarzenegger spielte nicht Conan, er war Conan, wie viele Interviews aus der damaligen Zeit beweisen, in denen er sich zu hundert Prozent mit seinem Rollencharakter identifizierte. So gab er an, sich bei den Dreharbeiten mehrfach verletzt zu haben, weil weder bei den Stunts noch bei den Schwertkämpfen viel getrickst worden wäre, und bei

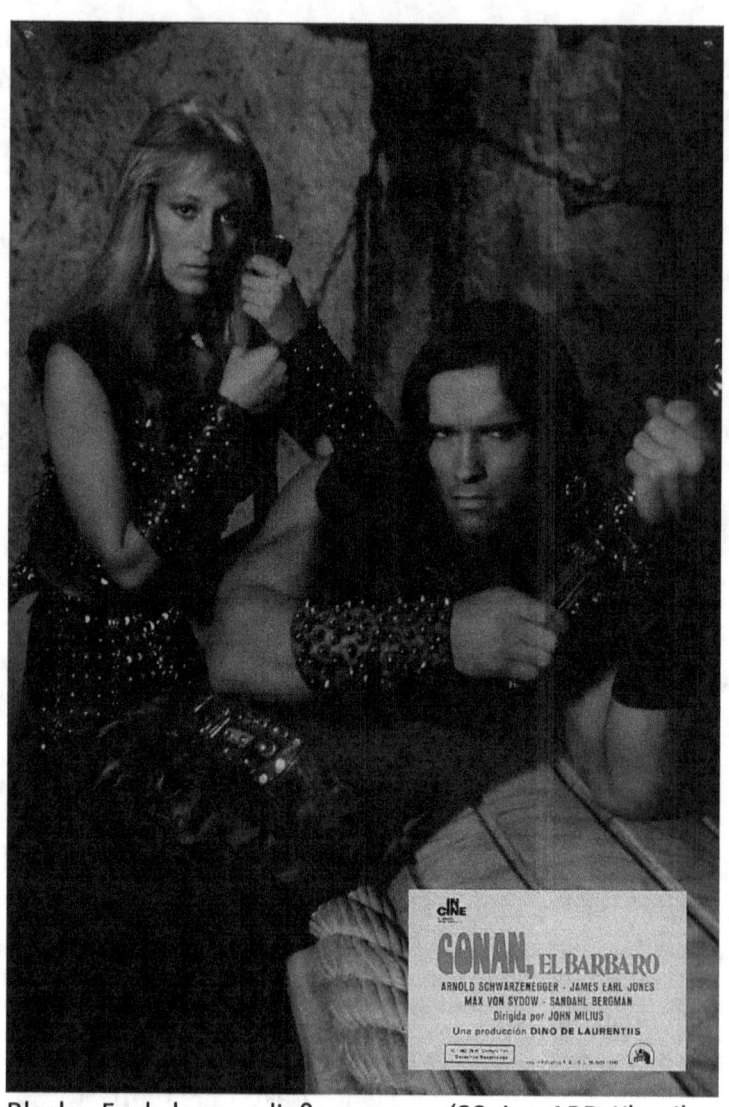

IN CINE

GONAN, EL BARBARO

ARNOLD SCHWARZENEGGER · JAMES EARL JONES
MAX VON SYDOW · SANDAHL BERGMAN
Dirigida por JOHN MILIUS
Una producción DINO DE LAURENTIIS

Blacky Fuchsberger ließ er anno '82 im ARD-Klassiker „Auf los geht's los" mit schelmischem Grinsen verlauten, die Szenen mit den nackten Darstellerinnen hätten am meisten Spaß gemacht. Als er dann auch noch das Hemd auszog, um seinen gestählten Oberkörper zu präsentieren, da war ganz TV-Deutschland klar, dass es dieser Mensch im Leben zu nichts bringen würde - zu viele Muckis, zu wenig Hirn.

Das war die eingängige Meinung, wenn es um die muskelbepackten Action-Helden der 80er Jahre ging. Grips unterstellte man diesen nie, aber auch wenn es die Muskeln waren, die sie zu Action-Helden werden ließen, so war doch eine gehörige Portion Verstand vonnöten, um es als Star auch dauerhaft zu schaffen.

Dem Erfolg von CONAN DER BARBAR tat auch der missglückte TV-Auftritt keinen Abbruch - besonders in Deutschland und Österreich wurde der Streifen ein Kassenschlager. Wohl auch deshalb, weil die Originalvorlage in unseren Breiten längst nicht so bekannt ist wie in den USA - dort waren die Fans enttäuscht, dass Regisseur John Milius sich bei der Adaption des Stoffes zahlreiche Freiheiten genommen und daraus eine steinzeitliche Philosophie-Lehrstunde gemacht hatte. Arnold Schwarzenegger konnte das herzlich egal sein - er hatte sein Star-Ticket gelöst und befand sich auf dem Weg nach oben. Zwei Jahre später schlüpfte er für CONAN DER ZERSTÖRER noch einmal in die Rolle des Barbaren.

Der von Richard Fleischer inszenierte Film gab sich leichtfüßiger als sein Vorgänger und präsentierte ein kurzweiliges Fantasy-Abenteuer, das an den Kinokassen allerdings schlechter abschnitt.

Populär war Arnold Schwarzenegger mittlerweile geworden - sein größtes Manko, den breiten Akzent, war er allerdings noch immer nicht losgeworden. In den

CONAN-Streifen hatten sich seine Rollen auf wenige Sprechzeilen beschränkt - aber wie viele Barbaren-Filme wollte das Publikum sehen? Ließ sich darauf eine ganze Filmkarriere aufbauen? Wieder kam der Zufall Schwarzenegger zur Hilfe - denn die nächste Rolle, die er spielte und die seinen Akzent zum Kult machen sollte, war zwar nicht die eines Barbaren, dafür aber die einer Maschine. Ein junger Regisseur namens James Cameron lud Schwarzenegger zu einem Gespräch ein, weil er ihn für die Rolle des zeitreisenden Soldaten Kyle Reese in einem neuen Science Fiction-Streifen in Betracht zog. Es wurde schließlich nicht der Soldat, sondern die Killermaschine, die Schwarzenegger spielen sollte. TERMINATOR wurde trotz seines schmalen Budgets ein internationaler Erfolg, der Arnies Ruf als Kassenmagnet begründete.

Da Actionfilme mit muskelbepackten Helden Mitte der 80er Jahre Trumpf waren, war der weitere Kurs schon vorprogrammiert: In DAS PHANTOM KOMMANDO spielte Schwarzenegger den Elitesoldaten John Matrix, in DER CITY-HAI den Ex-Bullen Mark Kaminsky - beides Charaktere, denen die Knarre in der Hand festgewachsen war und die sich mit stierem Blick durch die Handlung ballerten. Plötzlich war Arnolds Akzent kein Nachteil mehr, sondern ein Plus, eine Eigenheit, die ihn anderen Actionhelden der 80er Jahre abhob. Besonders seit TERMINATOR hatte er darüber hinaus auch ein Markenzeichen: „I'll be back." Das sagte er fortan in fast jedem seiner Filme, und das natürlich mit dem unverwechselbaren Akzent, der schon bald als cool galt.

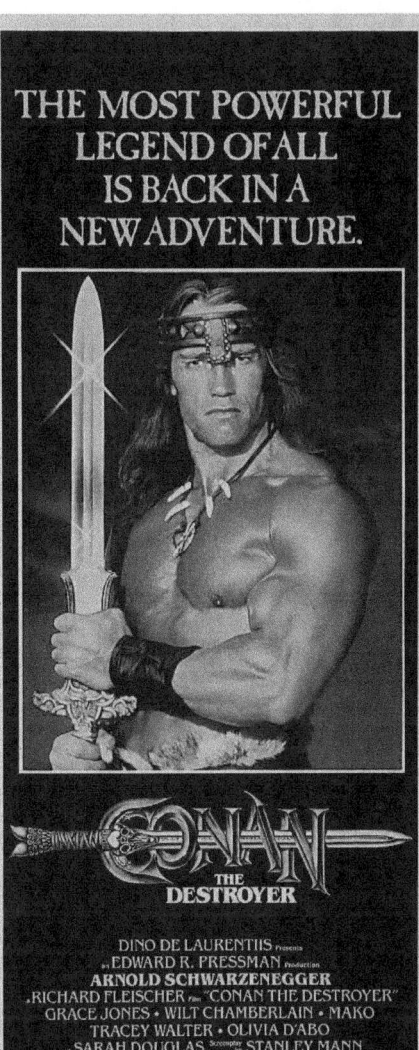

Sein Name wurde in einem Atemzug mit Sylvester Stallone genannt, der in den 80ern ebenfalls zum Haudrauf-Macho mutierte, und gemeinsam definierten die beiden ein Genre, das bis in die frühen 90er Jahre hinein Bestand hatte und eine Unzahl an (meist schlechteren) Epigonen auf den Plan rief. Interessant ist natürlich auch der Konkurrenzkampf zwischen Schwarzenegger und Stallone. Denn in den 80er Jahren war es Stallone, der die größeren Erfolge feierte und dementsprechend die Nr. 1 im Genre war. Arnold hechelte hinterher, doch mit den beginnenden 90er Jahren änderte sich dies gewaltig. Arnolds Stern glomm heller denn je, während der von Stallone rapide im Sinken inbegriffen war.

Mitte der 80er Jahre reiste Arnold Schwarzenegger auch noch einmal zurück ins Hyborische Zeitalter: In RED SONJA, einer weiteren Robert E. Howard-Adaption, verkörperte er den Krieger Kalidor, der allerdings so aussah, so redete und auch so handelte wie Conan. Dass nicht Brigitte Nielsen, die Darstellerin der Red Sonja, sondern Arnold Schwarzenegger der eigentliche Star des Films war, war denn auch ziemlich offensichtlich. In Frankreich zum Beispiel wurde er konsequenterweise gleich unter dem Titel KALIDOR veröffentlicht.

Inzwischen war Schwarzeneggers Ruf als Actionstar und Garant für knalliges Popcorn-Kino zementiert. Drei weitere Streifen, die in den späten 80ern gedreht wurden, untermauerten diesen Ruf nachhaltig: Im Streifen RED HEAT mimte Schwarzenegger den russischen Polizisten Iwan Danko, der zusammen mit einem US-Kollegen, gespielt von James Belushi, üblen Gangstern das Handwerk legt. In PREDATOR rückte er zur Ausnahme mal nicht irdischen, sondern einem außerirdischen Gegner zu Leibe und präsentierte dem Publikum eine nervenaufreibende Hetzjagd durch den südamerikanischen Regenwald. Und in RUNNING MAN war Arnie der Mann, der vor einem Millionenpublikum im Fernsehen von gnadenlosen Killern gejagt wurde - und sich dafür natürlich handfest und gewohnt radikal revanchierte.

Alle drei Streifen avancierten zu Kassenschlagern, und wahrscheinlich hätte Schwarzenegger noch einige Jahre so fortfahren können, aber es war auch erkennbar, dass das Publikum Arnold in phantastischen Filmen am liebsten sah. Darum lief RED HEAT am Schlechtesten. Und darum achtete Arnold auch immer wieder darauf, Filme mit phantastisch angehauchtem Einschlag zu drehen.

Allerdings stand er Sequels - also Fortsetzungen seiner Erfolgsstreifen - eher skeptisch gegenüber und schlug daher das Angebot aus, in PREDATOR 2 mitzuwirken. Dazu kam, dass sich auch sein Privatleben verändert hatte - 1986 heiratete er die Journalistin Maria Shriver, pikanterweise eine Nichte John F. Kennedys und damit überzeugte Demokratin, während Arnie sich politisch eher bei den Republikanern zuhause fühlte. Jedenfalls machte das neue Familienleben den „Äckschn"-Star ein wenig ruhiger, und als Regisseur Ivan Reitman ihm 1987 anbot, in einer Komödie mitzuspielen, nahm der das Angebot an.

Ausgerechnet an der Seite des ebenso kurzen wie genialen Danny De Vito spielte Arnold Schwarzenegger in TWINS und stellte damit erstmals sein komödiantisches Talent unter Beweis. Dabei zeigte sich, dass Arnie - anders als etwa Sylvester Stallone, der vergeblich versuchte, sich im komischen Genre zu etablieren - inzwischen viel dazugelernt hatte und, allen Unkenrufen zum Trotz, nicht nur unfreiwillige Lacher produzieren konnte. TWINS wurde ein beachtlicher Erfolg und sollte nicht die einzige Zusammenarbeit mit Komödienspezialist Reitman bleiben: 1991 folgte der Streifen KINDERGARTEN COP, in der Arnie seinen bis dahin wohl schlimmsten Gegnern gegenübersteht: Einer Klasse naseweißer Dreikäsehochs, die mit dem Terminator Schlitten fahren.

Schwarzeneggers Sinn für Humor und seine Bereitschaft, sein eigenes Rollenklischee auf die Schippe zu nehmen, fanden allgemeine Anerkennung und zeigten, dass er keine Brachial-Action braucht, um an der Kinokasse zu punkten. Gleichwohl blieb er auch seinen alten Fans treu und hat in Paul Verhoevens genialem, aber auch reichlich rüdem TOTAL RECALL die Kassen wieder tüchtig klingeln lassen. Der Film, der nach einer Vorlage des Science-Fiction-Autors Philip K. Dick entstand, schickte Schwarzenegger als Douglas Quaid auf eine atemberaubende Tour de Force, die nicht nur von der Erde zum Mars führte, sondern darüber hinaus auch geschickt zwischen Schein und Sein hin und her wechselte.

Gerade an diesem Film hatte Arnold schon seit Jahren Interesse, seit er unter Dino De Laurentiis

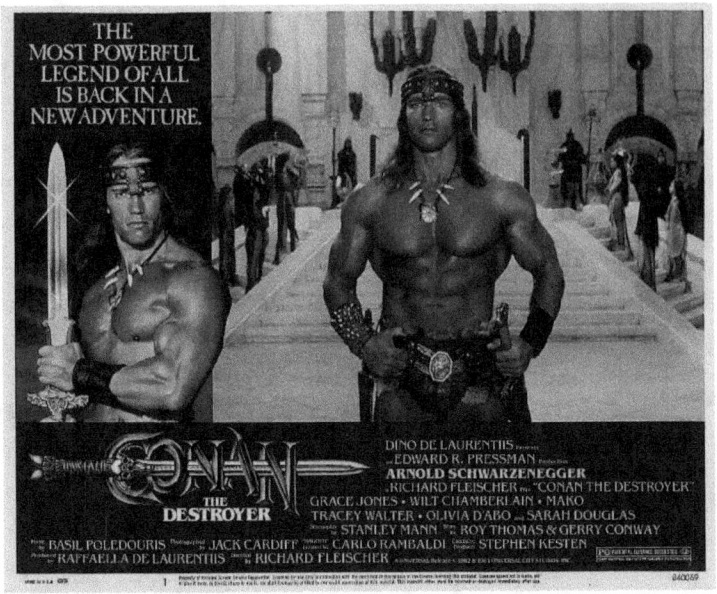

entstehen sollte. Doch erst die Pleite von dessen Firma DEG ermöglichte es Schwarzenegger, die Rolle auch zu spielen, wobei er Carolco dazu brachte, den Stoff für ihn zu erwerben.

Jener Streifen, mit dem Arnold endgültig zum Megastar avancierte und der unbestrittener Höhepunkt seiner Filmkarriere werden sollte, kam 1991 in die Kinos: Für TERMINATOR 2- TAG DER ABRECHNUNG gelang es James Cameron, Schwarzenegger dazu zu überreden, noch einmal die Rolle des Killerroboters zu spielen. Die finanziellen Argumente mögen dabei natürlich auch eine gewisse Rolle gespielt haben, denn dafür, dass er ein zweites Mal die Killermaschine mimte, erhielt Arnie satte 15 Millionen Dollar Gage. Knapp zehn Jahre zuvor hatte er für seine Hauptrolle in CONAN DER BARBAR gerade mal 250.000 US-Dollar erhalten. Kein schlechter Schnitt also, an dem sich ablesen lässt, wie die Aktien des gebürtigen Steirers mit dem unnachahmlichen Akzent in der Zwischenzeit gestiegen waren.

Die Fortsetzung der TERMINATOR-Saga wurde Schwarzeneggers erfolgreichster Film. Allerdings nicht nur, weil es James Cameron gelungen war, Arnie zur Rückkehr in seine Paraderolle zu überreden, sondern auch, weil in dem Streifen neue Durchbrüche in Sachen Spezialeffekte gefeiert wurden. Zum ersten Mal wurden in großem Stil digitale Effekte eingesetzt, die Bilder ermöglichten, die bis dahin einfach nicht möglich gewesen waren. T2 - wie der Streifen kurz genannt wurde - war im Sommer '91 der Film, den man einfach gesehen haben musste. In mancher Hinsicht ist er bis heute der Inbegriff eines Schwarzenegger-Spektakels: Laut und effektvoll, spannend und knallig, mit einem Helden, der sich wortkarg durch die Szenerie bewegt und vor allem durch seine Physis zu überzeugen weiß.

Mit diesem Film hatte Schwarzenegger den Zenit seiner Schauspielkarriere erreicht. Erfolgreicher konnte er nicht mehr sein. Das Problem dabei? Nach einem solchen Erfolg geht das Leben weiter. Aber wie kann man diesen wiederholen, wenn schon nicht übertrumpfen?

Nach diesem überwältigenden Erfolg zog sich Arnold Schwarzenegger für eine Weile zurück. Nachdem er 1990 bereits eine Episode der TV-Serie TALES FROM THE CRYPT inszeniert hatte, versuchte er sich 1992 noch einmal als Regisseur und drehte die Komödie CHRISTMAS IN CONNECTICUT. Aus der (geplanten?) Karriere als Filmregisseur wurde jedoch nichts.

Vermutlich hatte er schon mit dem Gedanken gespielt, sich hier eine neue Karriere aufzubauen, denn ihm war natürlich bewusst, dass seine Zeit als Action-Held langsam, aber sicher gezählt war. Ernsthafte Rollen in Dramen waren es aber sicherlich auch nicht, in denen er hätte brillieren können. So wäre es ein durchaus gangbarer Weg gewesen, eine neue Karriere als Regisseur anzustreben, doch nach seinen beiden kurzen Ausflügen ins Fach schien er diese Idee wieder zu den Akten zu legen. Erstaunlich, hätte man doch zumindest erwartet, dass er noch einen groß budgetierten Kinofilm inszenieren würde.

Stattdessen wandte sich Schwarzenegger seinen diversen sozialen Engagements zu, trat als Botschafter für das Fitness- und Gesundheitsprogramm der Regierung auf, verstärkte seine politischen Aktivitäten als Fürsprecher der republikanischen Partei und benutzte seine Popularität, um zusammen mit Sly Stallone und Bruce Willis die Restaurantkette „Planet Hollywood" zu eröffnen (aus der er 2000 allerdings wieder ausstieg). Anders als seine Kollegen erkannte Arnold, dass Planet Hollywood nicht auf lange Sicht florieren würde. So verkaufte er seine Anteile an dem Unternehmen und quittierte dies später damit, dass er gelernt hatte, wann es ratsam sei, aus einem Geschäft auszusteigen. Und hier hätte er dies nun getan.

Hier sollte man nun einschieben, dass Schwarzenegger ein sehr gewiefter Geschäftsmann ist. Er war bereits im Alter von 30 Jahren Millionär – noch bevor die hohen Gagen aus Hollywood kamen! Schon in den späten 60er Jahren hatte er mit Franco Columbu eine Baufirma gegründet, die dank des San Fernando Erdbebens im Jahr 1971 prächtig lief. Mit den Gewinnen gründeten die zwei einen Mail-Order-Versand für Bodybuilding- und Fitness-Materialien.

Die Gewinne verprasste Schwarzenegger nicht, sondern investierte sie. So kaufte er in den frühen 70er Jahren ein Appartement-Gebäude für 10.000 Dollar. Weitere Immobilien sowie Beteiligungen an Immobilienfirmen schlossen sich an.

1992 gründete Schwarzenegger auch das Restaurant „Schatzi on Main" in Santa Monica, das er sechs Jahre später gewinnbringend wiederverkaufte. Er investierte außerdem Geld in ein Einkaufszentrum in Columbus, Ohio, und kaufte große Anteile an der Firma „Dimensional Fund Advisors", einem Investment-Unternehmen.

1993 kam er dann mit einem neuen Action-Spektakel in die Kinos, in dem er sich und seine bisherigen Rollen augenzwinkernd auf die Schippe nahm: In John McTiernans LAST ACTION HERO, der gewitzt zwischen unserer Welt und der fiktiven Realität der Actionfilme zappt, spielte Arnie sowohl den Actionhelden Jack Slater als auch sich selbst. Der Film war nicht der Blockbuster, den alle erwartet hatten. Letzten Endes war der Film seiner Zeit zu weit voraus. Es war die Abrechnung und der Schwanengesang einer Art von Actionfilm, die zur Mitte des Jahrzehnts keine Popularität mehr besaß.

Auf James Bonds Spuren wandelte er ein Jahr später, als er für TRUE LIES - WAHRE LÜGEN erneut mit James Cameron zusammenarbeitete. Der - abgesehen

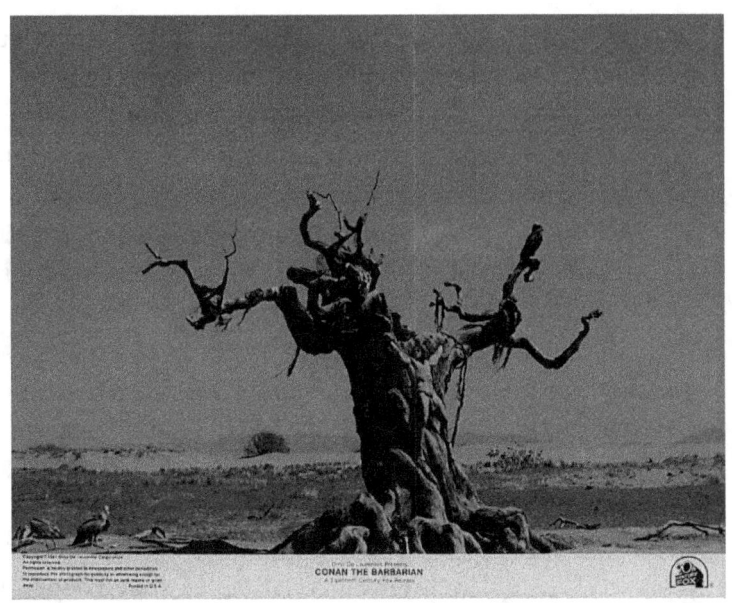

von einer furiosen Eingangssequenz - eher durchschnittliche Streifen machte dennoch ordentlich Kasse. Eine Fortsetzung wurde, obwohl des Öfteren angedacht, allerdings nicht gedreht. Immerhin konnte Schwarzenegger mit diesem Film zeigen, dass er Actiontechnisch noch nicht zum alten Eisen gehörte. Das half ihm, weitere Projekte an Land zu ziehen.

Mit Komödien-Spezi Ivan Reitman kam es nochmals zu einer Zusammenarbeit, die diesmal allerdings weniger erfolgreich verlief. Erneut wollte man dem sowohl bei TWINS als auch bei KINDERGARTEN COP bewährten Erfolgsmuster folgen und Arnie in eine Situation bringen, die seinem Macho- und Actionheldenimage zuwiderlief. So kam man auf die seltsame Idee, Arnold Schwarzenegger schwanger werden zu lassen: In JUNIOR spielt er einen

Wissenschaftler, der im Selbstversuch ein neues Fruchtbarkeitsserum testet und daraufhin die Freuden und Leiden einer werdenden Mutter durchlebt.

Das war den Zuschauern denn doch zu viel, zumal Arnie hier darstellerisch deutlich an seine Grenzen stieß. Die Schwangerschaft wollte ihm niemand abkaufen, und trotz tatkräftiger Unterstützung durch Emma Thompson und Danny DeVito wurde JUNIOR seine schwächste Komödie. Ein paar Jahre später wollte er es noch einmal wissen: Unter der Regie von Brian Levant spielte er in VERSPROCHEN IST VERSPROCHEN einen gestressten Familienvater, der in der vorweihnachtlichen Hektik verzweifelt unterwegs ist, um die versprochene „Turbo Man"-Actionfigur für seinen Sohnemann zu kaufen. Trotz des etwas überdrehten Finals stimmte hier wieder die Mischung aus Selbstironie und Klamauk, auch wenn der Streifen an den Kinokassen nicht ganz so viel Aufmerksamkeit bekam, wie er verdient gehabt hätte.

Mit ERASER kehrte Arnold Schwarzenegger 1996 zu seinen Wurzeln zurück - ein geradliniger, schnörkelloser Actionstreifen, in dem er als US-Marshall die von Killern bedrohte Vanessa Williams beschützen musste. Der Film war zwar erfolgreich, aber es war auch schon deutlich abzusehen, dass sich die Zeit des Arnold Schwarzenegger ihrem Ende entgegen neigte. Denn der Film war wenig mehr als eine nach Schema F gestaltete Action-Parade, die nichts Neues bietet, sondern im Gegenteil wie ein Film aus einer anderen längst vergangenen Zeit wirkte. Hätte es ERASER Mitte der 80er Jahre gegeben, er wäre ein beispielloser Erfolg gewesen.

Was viele nicht wissen: 1996 kehrte Schwarzenegger auch noch einmal in die Rolle zurück, die ihn zum Megastar gemacht hatte: Unter der Regie von James Cameron spielte er in T2: 3-D – BATTLE ACROSS TIME, einem rund 20-minütigen, mit Spezialeffekten gespickten Kurzfilm in 3-D-Technik, der exklusiv in den Universal-Filmparks zu sehen ist. Dieser Streifen blieb - trotz gegenseitiger Freundschaftsbekundungen Camerons und Schwarzeneggers - ihre letzte gemeinsame Arbeit. Aus der TRUE LIES-Fortsetzung wurde nichts und Cameron hatte kein Interesse an TERMINATOR 3. Auch das gemeinsame CRUSADE-Projekt kam über das Planungsstadium nicht hinaus.

Wie so oft in seinem Leben, wenn er alles erreicht hatte, was erreicht werden konnte, wandte sich Arnold Schwarzenegger neuen Herausforderungen zu: 1997 bestand sie darin, zum ersten Mal seit TERMINATOR wieder einen Bösewicht zu spielen: In Joel Schumachers BATMAN UND ROBIN übernahm er den Part des Superschurken Mr. Freeze, der Gotham City auf Eis legen möchte. Dass der Film enttäuschend an den Kinokassen lief und das Ende der (ersten) BATMAN-Kinoserie besiegelte, ist sicher nicht Schwarzeneggers Schuld - gegen überladene Dekors und ein idiotisches Drehbuch hatten auch die anderen Darsteller, unter ihnen George Clooney und Uma Thurman, nicht den Hauch einer Chance.

In jenem Jahr musste sich Schwarzenegger auch einer schweren Operation unterziehen. Eine seiner Herzklappen musste ausgetauscht werden, was eine schwere Operation bedeutete, der sich Schwarzenegger sofort unterzog. Er hätte auch noch mehrere Jahre warten könnte, wollte aber die Angelegenheit so schnell wie möglich hinter sich bringen.

Von dieser Operation aber unbeeindruckt, nahm Schwarzenegger auch schon bald wieder das Training auf und machte weltweit Promotion für BATMAN UND ROBIN. Dass der Gouverneur hart im Nehmen ist, bewies er mehrmals in jüngster Zeit. Am 9. Dezember 2001 hatte er einen Unfall mit dem Motorrad und brach sich dabei sechs Rippen, weswegen er vier Tage im Krankenhaus bleiben musste. Die Rekonvaleszenz war schmerzhaft, wurde aber mit typischer Schwarzeneggerscher Routine abgeschlossen. Gut fünf Jahre später, am 23. Dezember 2006, brach sich Schwarzenegger bei einem Ski-Unfall im Sun Valley in Idaho den rechten Oberschenkelknochen. Drei Tage später musste er sich einer Operation unterziehen, bei der der Knochen mit Draht und Schrauben fixiert wurde. Am 30. Dezember verließ er das Krankenhaus und leistete dennoch schon am 5. Januar 2007 den Eid für seine zweite Amtszeit. Er kam auf Krücken, aber er kam – eben typisch Arnold.

Von der Weltuntergangsstimmung gegen Ende des alten Jahrtausends wollte auch Arnold Schwarzenegger profitieren: 1999 verkörperte er im übernatürlichen Action-Horror-Thriller END OF DAYS - NACHT OHNE MORGEN den Ex-Polizisten Jericho Cane, der den Kampf gegen den Teufel persönlich aufnehmen muss. Der Film wurde nur ein mäßiger Erfolg, wohl deswegen, weil hier von seinem Hauptdarsteller mehr verlangt worden war, als Schwarzenegger leisten konnte. Außerdem machten sich erste Alterungserscheinungen bemerkbar.

Erstmals musste sich Arnold die Frage gefallen lassen, ob er die Knarre des Actionhelden nicht langsam an den Nagel hängen wollte, zumal er sich nur kurz vor Beginn der Dreharbeiten einer Herzoperation hatte unterziehen müssen.

Wie immer nahm Arnold, der seinen 50. Geburtstag mit den Worten: „Nun freue ich mich auf die zweite Hälfte meines Lebens" begangen hatte, die Kritik als Ansporn. Unter der Regie von Roger Spottiswoode drehte er THE 6TH DAY, einen Actionthriller, in dem er als Adam Gibson gegen seinen eigenen Klon zum Kampf antreten muss. Der Streifen provozierte Vergleiche mit TOTAL RECALL, anders als dort wurde das Thema fragwürdiger Identität aber völlig verschenkt. Der Film liefert gute gemachte, routinierte Action, die in den 80ern sicher Tagesgespräch gewesen wäre - mit der modernen Konkurrenz tat sich der Film aber schwer.

Schwarzenegger wirkte in seinen Filmen nun müde und alt – der Esprit des Action-Helden war verschwunden. Er befand sich auf dem besten Weg, zu einer Parodie seiner Selbst zu werden und noch im hohen Alter á la Charles Bronson Action-Heuler für die Videotheken zu machen.

Nicht anders verhielt es sich mit COLLATERAL DAMAGE. In die Schlagzeilen kam der Film vor allem deshalb, weil er nach den Ereignissen des 11. September 2001 vom Studio zurückgehalten wurde, weil man mit der Terroristen-Thematik niemandes Gefühle verletzen wollte und – für das Studio fast noch wichtiger – ein Flop vorprogrammiert gewesen wäre, wenn man nur wenige Wochen nach dem größten Terroranschlag, den die Welt je gesehen hat, diesen Film der amerikanischen Öffentlichkeit präsentiert hätte. Das Einspielergebnis war passabel, aber Schwarzenegger war durchaus auch Kollateralschäden - und das nicht nur, weil der Film nicht zu seinen Stärksten zählt. Auch in Deutschland lief der Film nicht gut. Bedingt durch die politischen Entwicklungen nach dem 11.9. wollte das Publikum hier zu Lande keinen schießwütigen Helden sehen. Hatten sich die Zeiten wirklich so geändert?

Dass Arnold Schwarzeneggers Stern im Sinken begriffen war, war unübersehbar. Vor diesem Hintergrund wundert es niemanden, dass er auf Nummer Sicher ging und zum insgesamt dritten Mal in seine Paraderolle zurückkehrte. Mit Sicherheit war TERMINATOR 3 einer der mit am meisten Spannung erwarteten Filme des Jahres. Würde Arnie es noch einmal schaffen, seine Fans zu überzeugen und die Kritiker verstummen zu lassen?

Die Antwort war klar: Die Rückkehr des Terminators in die Kinos wurde positiver aufgenommen, als Pessimisten befürchtet hatten. Die Meinungen über den Film gingen auseinander: Fans des guten alten 80er Jahre-Actionfilms begrüßten die geradlinige Machart des Streifens, anderen stieß das überkommene Kalter Krieg-Szenario sauer auf. Arnold Schwarzenegger wirkt in T3 nicht mehr so taufrisch wie einst, ist vor allem in den Actionszenen aber immer noch überzeugend. So wurde TERMINATOR 3 - AUFSTAND DER MASCHINEN eine Art

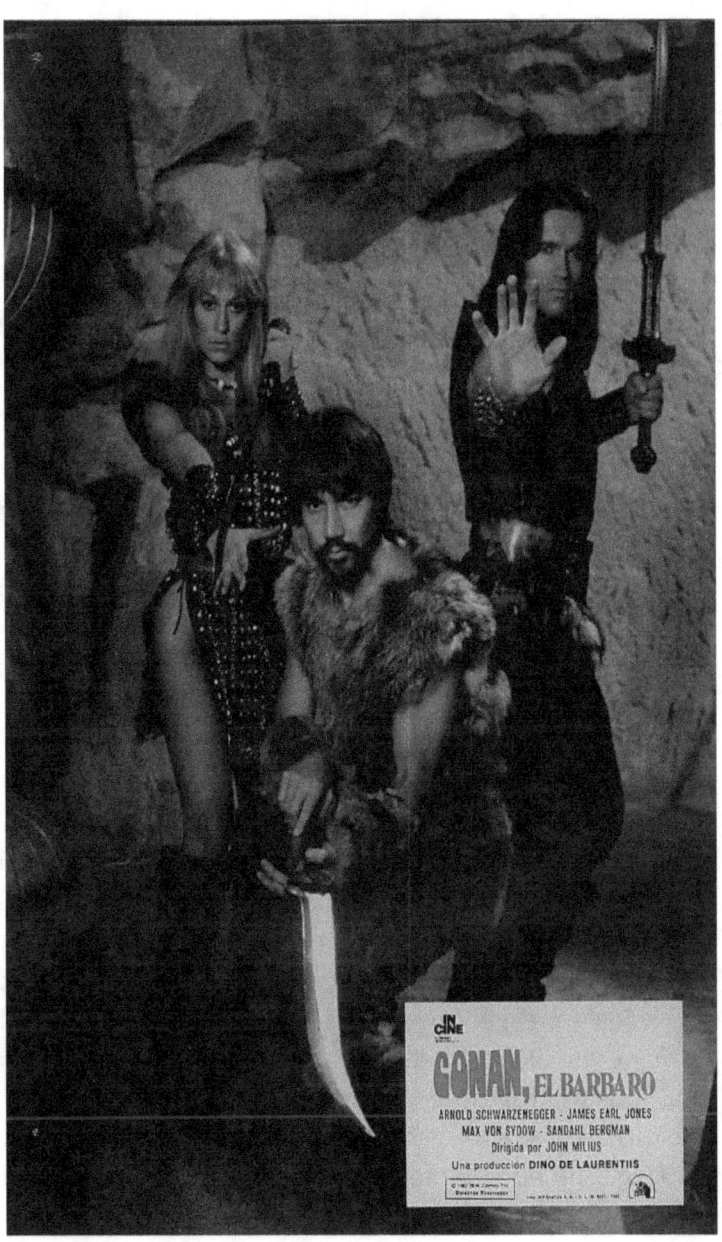

Geschenk an die Fans, mit der der Mime eine Ära endgültig abschloss.

Der letzte Film, für den er vor der Kamera stand, bevor seine Karriere als Politiker begann, ist die Neuverfilmung von Jules Vernes IN 80 TAGEN UM DIE WELT, in der er den Part des Prinzen Hapi spielt. Angedacht war eigentlich, dass Schwarzenegger auch im vierten Teil der TERMINATOR-Reihe wieder dabei sein sollte, doch dazu kam es nicht mehr. Übrigens ebenso wenig wie zum oft diskutierten CONAN 3 bzw. KING CONAN, der immer mal wieder als mögliches Projekt genannt wurde. Denn wieder einmal hatte sich Arnold Schwarzenegger neuen Tätigkeitsfeldern zugewandt, und das - wie könnte es anders sein? - wieder einmal mit durchschlagendem Erfolg: Er wurde Gouverneur des US-Bundesstaates Kalifornien.

So konnte er seit seinem Amtsantritt auch nur noch kleinere Cameo-Auftritte absolvieren.

Dass ihn die große Politik interessiert, war schon lange kein Geheimnis mehr - schon seit Mitte der 90er Jahre wurde immer wieder gemunkelt, dass Arnold Schwarzenegger mit dem Gedanken spiele, für das Gouverneursamt zu kandidieren. Als die kurzfristig angesetzten Neuwahlen im Spätsommer dieses Jahres tatsächlich die Gelegenheit dazu boten, zierte sich Schwarzenegger zunächst ein wenig, ehe er schließlich seine Kandidatur bekanntgab. Dass seine Gegner ihn als „Gouvernator" und „Conan the Republican" verlachten, störte ihn wenig. Wie immer ging er beharrlich seinen Weg, und einmal mehr interessierte es niemanden, dass er in diesem Job keine Erfahrung hat und „Kälifonia" statt „California" sagt.

Sein Argument, dass er Geld genug hätte und daher für Bestechungsversuche aller Art unempfänglich wäre, leuchtete den Wählern ein, und so wurde der Mann, der einst mit nichts im Gepäck als seinen Muskeln und hochfliegenden Träumen in die Staaten gekommen war, am 7. Oktober zum Gouverneur von Kalifornien gewählt.

Schwarzenegger machte aus seinen politischen Überzeugungen nie einen Hehl. Und er vertraute auf sein Herz, selbst als ihm enge Mitglieder seines Stabs rieten, nur ja nicht Richard Nixon in seiner Rede zu erwähnen. Schwarzenegger tat es dennoch, als er 2004 auf der Republican National Convention sprach: „Ich kam 1968 hier an. Was für ein Tag das war. Ich erinnere mich noch, wie ich mit leeren Taschen, aber reich an Träumen, an Entschlossenheit und Zuversicht hierherkam. Der Präsidenten-Wahlkampf war in vollem Gang. Ich erinnere mich an ein Fernsehduell zwischen Nixon und seinem Konkurrenten Humphrey. Ein Freund von mir, der Deutsch und Englisch sprach, übersetzte für mich. Ich hörte Humphrey Dinge sagen, die für mich wie Sozialismus klangen, aus dem ich kam. Aber dann hörte ich Nixon reden. Er sprach von freien Unternehmen, davon, dass die Regierung Freiräume schaffen muss, von niedrigeren Steuern und einer Stärkung des Militärs. Nixon zuzuhören, war wie einen Zug frischer Atemluft zu sich zu nehmen. Ich fragte meinen Freund, welcher Partei er angehörte. Und er sagte, Nixon sei Republikaner. Ich sagte zu meinem Freund: Dann bin ich auch Republikaner. Und das bin ich seitdem immer gewesen."

Schon 2002 spielte Schwarzenegger mit dem Gedanken, für das Amt des Gouverneurs zu kandidieren, entschied sich jedoch dagegen. Als der Demokrat Gray Davis, der als Gouverneur eine schlechte Figur abgab, schließlich über seine eigenen Ambitionen stolperte, kam Arnolds Stunde. Im Jahr 2003 musste sich Davis einer Neuwahl stellen, bei der zum einen festgestellt werden sollte, ob er noch das Vertrauen und die Stimmen der Bürger hatte und, falls nicht, sofort ein neuer Kandidat gewählt werden sollte. Für Schwarzenegger war dies ein goldener Moment.

Davis wurde abgewählt und Schwarzenegger mit 48,6 Prozent aller Stimmen zum neuen Gouverneur von Kalifornien. Es war ein Sieg, der weltweit Beachtung fand. Staatsmänner aus aller Herren Länder suchten Schwarzenegger auf, um ihm zu gratulieren.

In den ersten Monaten seiner Amtszeit gelangen Schwarzenegger einige Siege, so etwa das Verhindern einer Erhöhung verschiedener Gebühren. Allerdings musste Schwarzenegger auch feststellen, dass Regieren nicht einfach ist und man gegen Interessengruppen auch verlieren kann.

Nicht alle seine Entscheidungen waren populär. Schwarzenegger ist ein Verfechter der Todesstrafe, was vor allem in seiner alten Heimat Österreich die Gemüter erhitzte. Es gab sogar eine Initiative, ihm die österreichische Staatsbürgerschaft abzuerkennen, die er nach wie vor besaß. Geleitet wurde diese Initiative von Peter Pilz von den Grünen, der einen entsprechenden

Artikel im Grundgesetz fand, der besagt: „Ein Bürger, der im öffentlichen Dienst eines fremden Landes steht, kann die Staatsbürgerschaft aberkannt werden, wenn er den Ruf und die Interessen der Österreichischen Republik schädigt."

Da Schwarzenegger für die Todesstrafe eintrat, etwas, das es in Österreich nicht gab und verpönt war, sah er den Punkt der Schädigung des Rufs als gegeben an, kam aber mit seinem Vorstoß nicht durch.

Dafür setzte sich Schwarzenegger wiederum für eine Umweltpolitik ein, die innerhalb der USA fast beispiellos ist und zum Ziel hat, die Emissionen im Sonnenstaat über die Jahre deutlich zu verringern.

Schwarzenegger war auch einer der vehementesten Gegner von Proposition 66. Diese sah vor, dass das berüchtigte kalifornische Three Strikes Law novelliert wird. Nach diesem Gesetz führt jede dritte Straftat dazu, dass der Täter zu 25 Jahren bis lebenslänglich verurteilt wird. Die Novellierung zielte darauf ab, dass das dritte Verbrechen eine Gewalttat oder ein ähnlich schweres Verbrechen sein musste, doch Schwarzenegger lancierte eine gewaltige Kampagne gegen dieses Unterfangen und gab an, dass dadurch „26.000 gefährliche Kriminelle und Vergewaltiger wieder auf freien Fuß gesetzt werden würden."

Im November 2006 musste sich Schwarzenegger der Wiederwahl stellen. Obschon die Republikaner in jener Zeit einige Rückschläge zu verbuchen hatte, gelang es Schwarzenegger, mit 56 Prozent der Stimmen zu gewinnen.

Übrigens verzichtet Schwarzenegger auf sein Gehalt von 175.000 Dollar im Jahr, die ihm als Gouverneur zustünden. Da er vermögend ist, will er dieses Geld nicht. Bei seiner Kampagne, als er sich das erste Mal der Wahl stellte, erklärte er auch, was ihn von anderen Politikern abhob: Er ist reich und dementsprechend nicht bestechbar.

Nach der zweiten Amtszeit als Gouverneur ist es Schwarzenegger nicht mehr möglich gewesen, noch einmal zu kandidieren. So hat Schwarzenegger seine Karriere als Gouverneur nach sieben Jahren beendet. Die Bilanz ist einigermaßen ernüchternd, hinterlässt er seinem Nachfolger doch ein gewaltiges Haushaltsdefizit.

Aber das Leben geht weiter und so stürzte sich Arnie wieder ins Filmgeschäft. Nach einem Cameo-Auftritt in THE EXPENDABLES übernahm er in THE EXPENDABLES 2 eine größere Rolle udn war auch im dritten Teil dabei. Die Arbeit mit Sly gefiel ihm, weswegen die zwei auch gleich noch die Hauptrollen in dem Action-Ausbrecher-Film ESCAPE PLAN übernahmen. Kurios ist der Film vor allem im Deutschen, da anders als noch bei den EXPENDABLES-Filmen nicht mehr beide Rollen von Thomas Danneberg gesprochen wurden. Der entschied sich für Stallone, weswegen ein neuer Sprecher für Arnie gefunden werden musste.

Diese Filme waren einigermaßen erfolgreich, aber nicht mehr so sehr wie früher. Sie zogen vor allem, weil es gleich zwei alte Actionstars gab.

In LAST STAND und SABOTAGE spielte Arnie aber alleine die Hauptrolle. Diese Filme ruhten auf seinen Schultern - und die waren einfach nicht mehr so mächtig

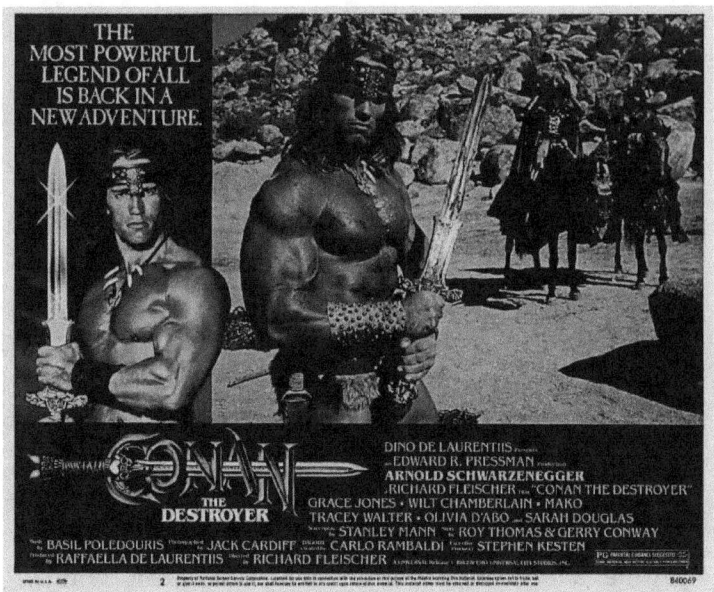

wie früher. Beide Streifen enttäuschten an der Kinokasse, weswegen sich Schwarzenegger insgeheim auch eingestehen musste, dass seine große Zeit vorüber war. Insbesondere seine Zeit als Action-Star.

Darum versuchte er auch zu diversifizieren. Das war schon bei SABOTAGE zu sehen, der für ihn so etwas wie ERBARMUNGSLOS für Clint Eastwood war. Danach kam jedoch das Zombie-Drama MAGGIE, in dem er einen Vater spielt, der nicht weiß, wie er auf seine zum Zombie gewordene Tochter reagieren soll. Das war kein Horrorfilm, sondern ein waschechtes Drama - und Arnie leistete gute schauspielerische Arbeit.

Danach kehrte er mit TERMINATOR: GENISYS zu seiner Paraderolle zurück. Der Film versteht sich als Sequel der ersten beiden und führt mit Hilfe von Zeitreisen auch ins Jahr 1984 zurück. Weltweit machte der Streifen mehr als 500 Millionen Dollar, für das Studio war das aber zuwenig.

Damit hätte man meinen können, dass Schwarzeneggers Zeit als Terminator vorbei ist, doch mittlerweile hat James Cameron die Rechte zurück und plant eine neue Trilogie, die er produzieren wird - und in der Arnie die Hauptrolle spielen soll.

Hierzulande nur auf DVD gestartet ist der Rachethriller VENDETTA. Schon fertiggestellt ist zudem die Action-Komdöie KILLING GUNTHER.

Verschiedenes befindet sich in Planung oder Vorproduktion, darunter die TWINS-Fortsetzung TRIPLETS und LEGEND OF CONAN. Schon fertig ist die chinesisch-amerikanische Ko-Produktion VIY 2, in der Arnie den Abenteurer James Hook spielt und an der Seite von Jackie Chan agiert.

Privat hat sich auch einiges getan. So kam heraus, dass Schwarzenegger einen Sohn mit seiner Haushälterin hat, weswegen Maria Shriver die Scheidung eingereicht hat. Darüber hinaus übernahm Arnie die Fernseh-Show THE APPRENTICE, in der zuvor Donald Trump zugegen war.

Mit dem amtierenden Präsidenten liefert sich Schwarzenegger ständig einen verbalen Schlagabtausch. Obwohl beide Republikaner sind, könnten sie unterschiedlicher nicht sein. Regelmäßig meldet sich Arnie zu Wort und ermahnt den Präsidenten, wenn dieser Dekrete gegen den Umweltschutz erlässt oder Rassisten in Schutz nimmt.

Arnie ist halt - menschliche Fehler hin oder her - auch im echten Leben ein Held!

Conan, der Barbar

Originaltitel: Conan the Barbarian
USA 1982
Laufzeit: 129 Minuten
Erstaufführung: 14.05.1982
Regie: John Milius
Drehbuch: John Milius, Oliver Stone
Kamera: Duke Callaghan
Musik: Basil Poledouris
Schnitt: Carroll Timothy O'Meara
Darsteller: Arnold Schwarzenegger (Conan), James Earl
Jones (Thulsa Doom), Max von Sydow (König Osric),
Sandahl Bergman (Valeria), Ben Davidson (Rexor),
Cassandra Gava (Hexe), Gerry Lopez (Subotai), Mako
(Der Zauberer), Valérie Quennessen (Prinzessin), William
Smith (Conans Vater), Luis Barboo (Red Hair), Franco
Columbu (Piktischer Scout), Nadiuska (Conans Mutter),
Jorge Sanz (junger Conan), Sven-Ole Thorsen (Thorgrim),
Kiyoshi Yamasaki (Sword Master)

Story

Als einziger seiner Familie überlebt Conan als kleines
Kind den grausamen Angriff der Horde des Thulsa Doom,
der auf der Suche nach Metall Conans Dorf im
verschneiten Nordland Cimmeria überfällt und dem
Erdboden gleichmacht. Gnadenlos töten die Leute von
Thulsa Doom die Bewohner des kleinen Dorfs, Conan
muss hilflos zusehen, wie seine Mutter von dem
Anführer der Horde geköpft wird. Zusammen mit

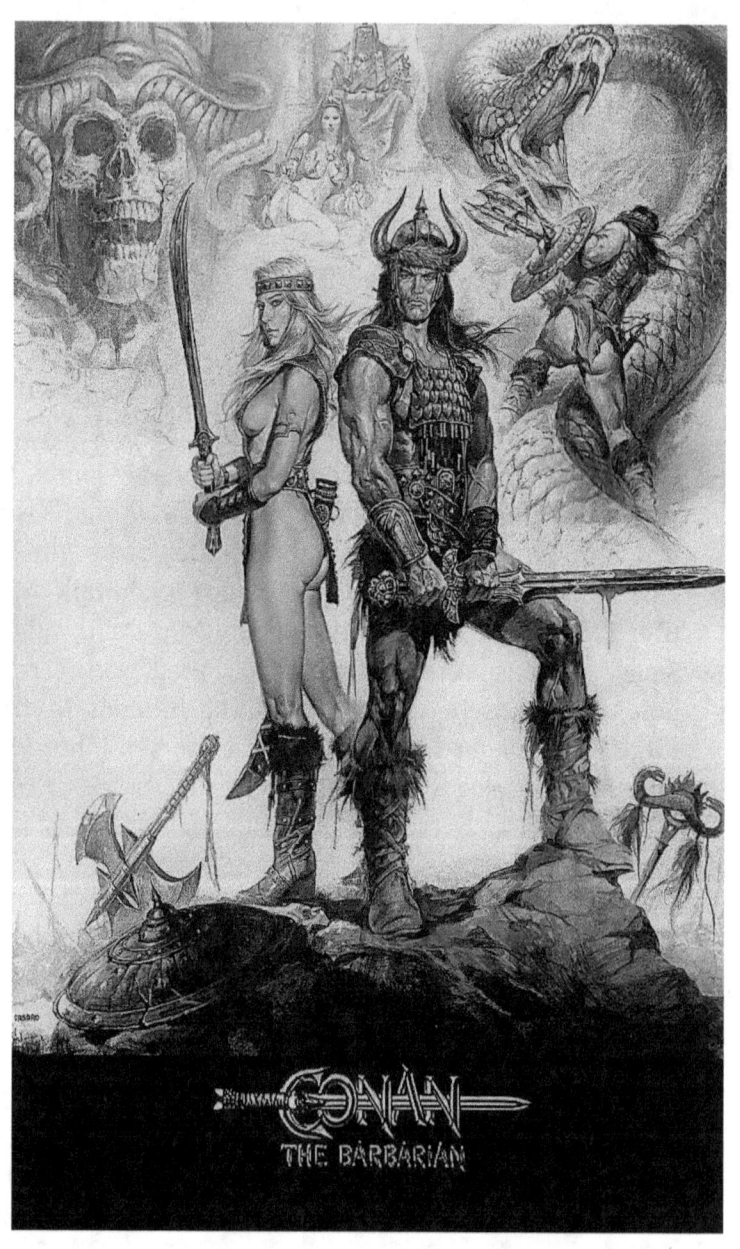

CONAN
THE BARBARIAN

anderen Kindern, die das Gemetzel überlebt haben, wird er in die Sklaverei verschleppt.

Durch lange Jahre härtester Sklavenarbeit zu einem muskulösen Mann gereift, wird er schließlich von seinem Herrn zum Gladiator ausgebildet und bei Arenakämpfen zur Schau gestellt. Als er endlich seine Freiheit wiedererlangt, macht er sich auf, um den Tod seiner Eltern zu rächen und das Geheimnis des Stahls zu lösen, das laut einer Prophezeiung höchste Kräfte verleiht. Nachdem er sich ein Schwert besorgt hat und in dem Mongolen Subotai einen verlässlichen Gefährten gefunden hat, will er sein Glück in Zamora, dem Reich König Oscrics versuchen.

Dort wird ihnen von einem mysteriösen Schlangenkult berichtet, der sich im ganzen Land ausgebreitet hat. Im Schlangenturm, einem Tempel des Kults, wird ein sagenhafter Juwel bewacht. Subotai und Conan beschließen, den Rubin zu stehlen, doch die beiden sind nicht die einzigen, die es auf den Edelstein abgesehen haben: Valeria, die Königin der Diebe, ist auch gerade dabei, sich in den Tempel einzuschleichen. Im Inneren des Tempels gelingt es den drei, bis zu dem wertvollen Stein vorzudringen, außerdem entdeckt Conan im Heiligtum des geheimnisvollen Schlangenkults ein Emblem, das eine zweiköpfige Schlange darstellt - genau dieses Symbol trug Thulsa Doom als Standarte vor sich, als er vor vielen Jahren Conans Dorf überfiel!

Die Diebe werden entdeckt und zu König Osric geführt, der ihnen die Freiheit verspricht, wenn sie seine Tochter Yasmina aus den Klauen von Thulsa Doom, der inzwischen zum Führer des gefürchteten Schlangenkults aufgestiegen ist, befreien. Valeria, Subotai und Conan rüsten sich, die Prinzessin zu retten und den grausamen Anführer des Kults Thulsa Doom endgültig zu besiegen...

Hintergründe

Mit dem Erfolg, den die neu aufgelegte und erweiterte Conan-Reihe als Taschenbuch in Amerika hatte, war der Barbar wieder in aller Munde. Ein Jahrzehnt später eroberte er ein anderes Medium, das ihn dankbar aufnahm: die Comics.

Aus dem Hause Marvel kam eine Serie, die sich wohltuend von dem üblichen Superheldeneinerlei abhob und eigene Akzente setzte. Zu dem farbenfrohen Comic gesellte sich wenig später ein schwarzweißes Magazin, das ein deutlich älteres Publikum ansprach. Unter der Leitung von Roy Thomas, der stets ein besonderes Faible für Conan und all die anderen Helden seines Schöpfers Robert E. Howard hatte, entwickelte sich die Comic-Serie zu einem Pfeiler des Fantasy-Genres und war über mehr als zwei Jahrzehnte nicht aus der Comic-Landschaft wegzudenken.

Der Erfolg von Conan in den Printmedien erweckte auch die Aufmerksamkeit des Produzenten Edward J. Pressman, der einen Bekannten damit beauftragte, eine erste Drehbuchfassung zu erstellen. Das war 1976 und bis zum fertigen Film sollten noch sechs weitere Jahre vergehen. Diese waren gesäumt von rechtlichen Streitigkeiten mit den Erben von Robert E. Howard und verschiedenen Drehbuchfassungen, die z.T. abstrus waren und Conan in eine postapokalyptische Ära

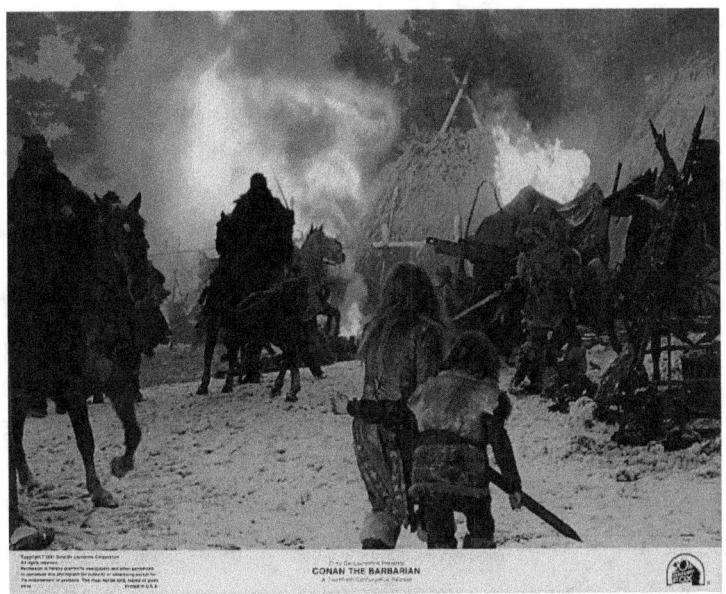

packten. Zudem hatte Pressman das Problem, ein interessiertes Studio zu finden. Paramount signalisierte Interesse, wollte aber zuerst nur einen 2,5 Millionen Dollar teuren Film produzieren.

Mit einer immer größer werdenden Geschichte, teuer aussehenden Produktionszeichnungen von Ron Cobb, einem ausufernden Drehbuch von Oliver Stone und Drehorten in Europa wuchs das Budget jedoch langsam, aber stetig auf 20 Millionen Dollar an. Und Paramount, das immer mehr Geld in die Mammutproduktion STAR TREK: THE MOTION PICTURE (STAR TREK: DER FILM) stecken musste, zog sich von der Produktion zurück.

Pressman kollaborierte mit Dino DeLaurentiis und gemeinsam interessierte man Universal Pictures für das Projekt. Erst als John Milius nicht nur als Autor, sondern auch als Regisseur zu dem Projekt hinzustieß, nahm der Film endlich Form an. Dabei hatte MIlius andere Regiekandidaten wie Alan Parker, John Frankenheimer und Oliver Stone ausgestochen. Milius war schon seit langem interessiert, CONAN zu verfilmen, wobei er weniger ein Fan von Howards Barbar als vielmehr an der Thematik selbst interessiert war.

Der spätere Regisseur von CONAN THE BARBARIAN interessierte sich für nordische Mythologien und fand in Conan eben diese Einflüsse, die er nun in einem Drehbuch verarbeitete. Er verwarf viel von dem, was Oliver Stone geschrieben hatte und entwickelte im Verlauf von zwei Jahren immerhin drei verschiedene Drehbuchversionen, bevor man endlich vor die Kameras treten konnte.

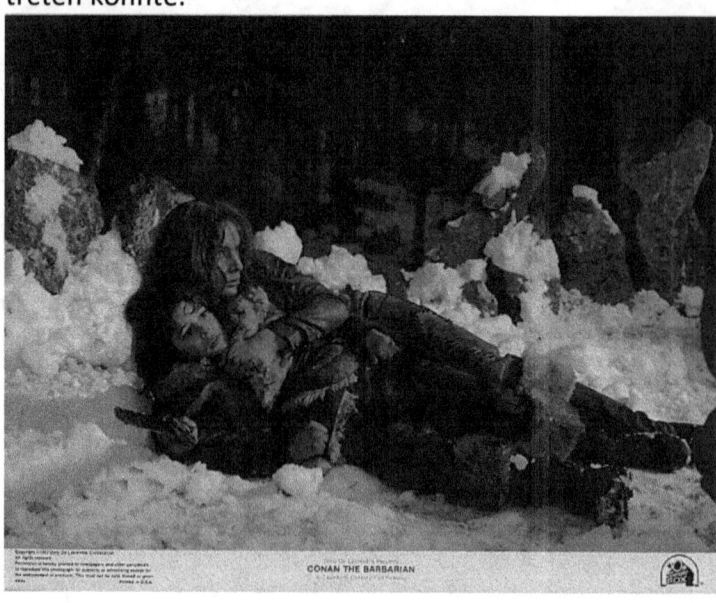

CONAN THE BARBARIAN

Dabei entwickelte er eine eigene Geschichte, die es so bei Howard nie gegeben hatte. Der Film beginnt schon mit Conans Kindheit und zeigt, wie er zu dem Mann wird, als der er bei Howard bekannt ist. Vom Leben als Sklave steigt er zum Kämpfer und schließlich freien Mann auf, immer auf der Suche nach Thulsa Doom, dem Mann, der seine Eltern ermordete und ihn in die Sklaverei verkaufte.

Für die Hauptrolle konnte die absolut passende Besetzung gefunden werden: Arnold Schwarzenegger. Der ehemalige Bodybuilder mit Schauspielerambitionen war der ideale Mann für Conan und fand in dem Barbaren einen Charakter, den er problemlos zum Leben erwecken konnte. Pressmann hatte sich schon in den 70er Jahren an Arnold gewandt, denn bei CONAN stand und fiel alles mit dem richtigen Schauspieler. Und einen imposanten Darsteller zu finden, war die Schwierigkeit, doch als der Produzent PUMPING IRON sah, wusste er, wer Conan sein musste. Und auch John Milius war ganz und gar von Arnold überzeugt.

Er suchte ihn eines Tages in seinem Büro auf und war von Bildern, die Schwarzenegger beim Gewichte stemmen zeigten, extrem fasziniert. Beide Männer verstanden sich auf Anhieb gut, doch für Arnold sollte noch die lange Zeit des Wartens beginnen.

Die wollte er nutzen, indem er 1980 noch einmal für den Titel des Mr. Olympia antrat. Seine Hintergedanken waren dabei, dass dieser Titel auch gute Promotion für den Film sein würde. Gleichzeitig wollte er sich selbst noch mal beweisen, dass er nach Jahren, in denen er nicht mehr aktiv am Bodybuilding

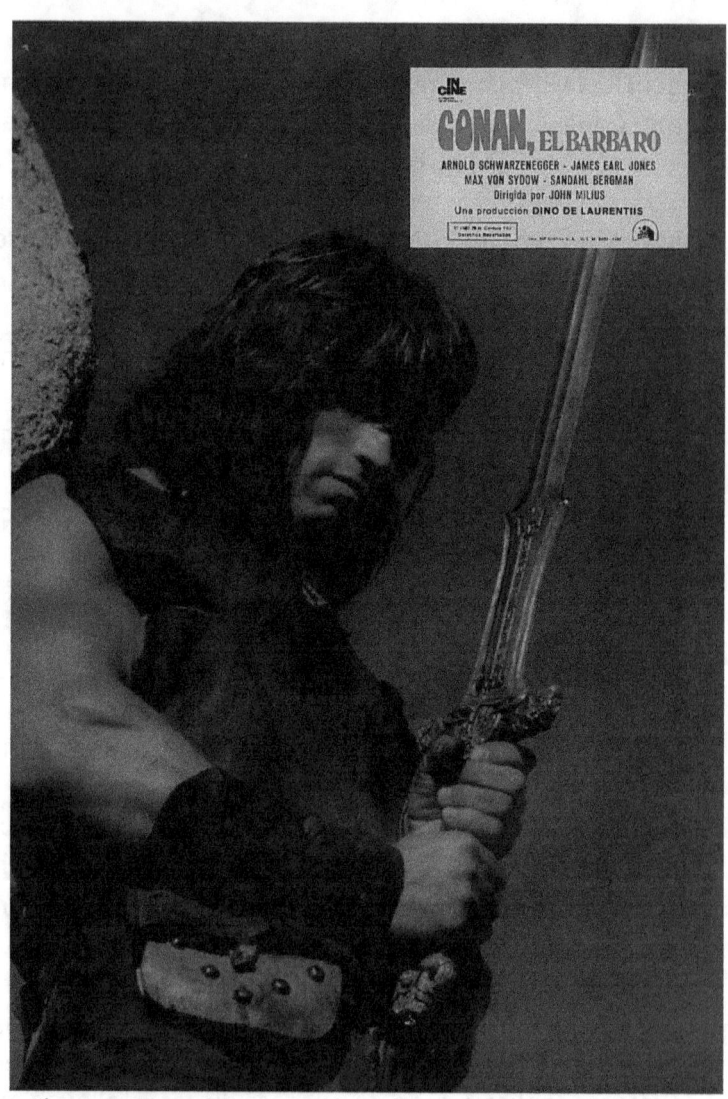

teilgenommen hatte, noch immer das Zeug dazu hatte, Siege einzufahren. Und er hatte noch ein anderes Motiv. 1979 war Schwarzenegger für CBS Kommentator des Mr. Olympia-Wettbewerbs in Columbus. Als Frank Zane den

Titel gewann, fragte Arnold ihn, wie er sich fühlte. Und er antwortete: „Großartig, Arnold. Fast so gut wie 1968, als ich Dich bei dem Wettbewerb geschlagen habe."

Arnold war wütend über diese Beleidigung und wollte sich auch darum den Titel einmal mehr holen. Er begann 1979 mit seinem Training, was der Bodybuilding-Welt nicht verborgen blieb. Doch noch war Schwarzenegger nicht bereit, sein Comeback bekannt zu geben. Er erklärte, dass er sich für seine Rolle als Conan in Form brachte. Tatsächlich schrieb er sich 1980 in letzter Minute für den Wettbewerb ein und gewann auch, obschon seine Konkurrenten dies als Anlass nahmen, Schiebung zu vermuten.

Nachdem Arnold den Titel gewonnen hatte, musste er sein Training wiederaufnehmen. Allerdings ein gänzlich anderes, denn seine Physis war zu groß für Conan. Conan ist ein Mann, dessen Muskeln aus harter Arbeit gestählt wurden. Das erfordert einen anderen Körperbau, weswegen Schwarzenegger das Training mit Gewichten auf eine Stunde pro Tag verringerte und sich ansonsten mehr auf Laufen und Radfahren konzentrierte. Außerdem nahm er Unterricht in Schwertkampf und Reiten.

In der Zeit, die es dauerte, bis die Dreharbeiten für CONAN THE BARBARIAN am 7. Januar 1981 starteten, gab es von Dino DeLaurentiis' Seite die Überlegung, ob Schwarzenegger den Titelhelden in FLASH GORDON (FLASH GORDON, 1980) spielen sollte, er entschied sich dann aber doch für Sam J. Jones. Zu besetzen waren noch die anderen Rollen in CONAN THE BARBARIAN. Man dachte an Sean Connery als Thulsa Doom und Persis

Khambatta als Prinzessin, entschied sich dann jedoch für James Earl Jones, der die Rolle von Conans Widersacher perfekt porträtierte.

Weitgehend unbekannt war Sandahl Bergman, die jedoch ausgesprochen starke Präsenz zu Valeria brachte. Der Part des wenigen Subotai ging schließlich an Gerry Lopez. Und Mako wurde als Zauberer angeheuert. Er war es dann auch, der als Erzähler im Film fungiert. Erst war angedacht, dass Conan seine Geschichte selbst erzählen sollte, doch DeLaurentiis machte sich wegen Schwarzeneggers starkem Akzent Sorgen, weswegen man die Erzählfunktion Mako übertrug.

Gedreht wurde der Film in Spanien. Innenaufnahmen fanden in einem Flugzeughangar in Torrejon statt, während man für die Außenaufnahmen nach Almeria reiste. Ursprünglich hatte man als Drehort auch Jugoslawien ins Auge gefasst, aber die politischen Umstände nach dem Tod Titos erschienen problematisch. Die Dreharbeiten waren für keinen ein Zuckerschlecken. Schon am ersten Tag verletzte sich Schwarzenegger.

In einer Szene läuft er vor einer Rotte Wölfen davon und erklimmt einen Berg, wo er sich in einer Höhle versteckt. So war es geplant, doch die Hunde wurden etwas zu früh losgelassen, so dass sie Schwarzenegger einholten, sich auf ihn stürzten, sich in seine Kleidung verbissen und ihn nach unten wegzogen, während Arnold fluchte. Er stürzte dann mehrere Meter tief und zog sich ein paar üble Prellungen zu. Da er aber wusste, dass die Produktion von ihm abhängig war, ließ

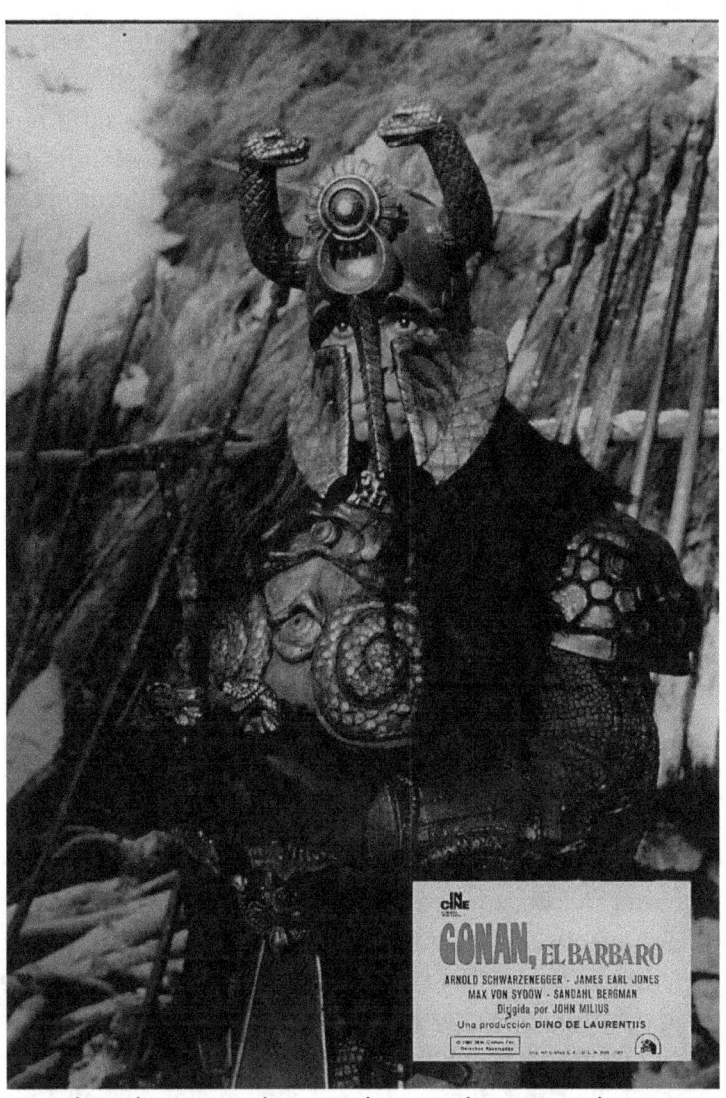

er sich nichts anmerken. Andere Verletzungen kamen im Verlauf der Dreharbeiten. Und sie trafen nicht nur Schwarzenegger. Auch Sandahl Bergman wurde verletzt. Ein Schwerthieb trennte ihr fast einen Finger ab.

Obwohl Spanien gewählt wurde, weil man glaubte, in einem sichereren und stabileren Land denn Jugoslawien arbeiten zu können, sah die Realität anders aus. Denn im Februar 1981 probten die Militärs einen Staatsstreich, der Zustände wie unter der Franco-Diktatur wiederherstellen sollte. Das Parlament wurde erstürmt, aber der König Spaniens könnte das Gros der Armee auf seine Seite ziehen und dem Putsch so ein Ende setzen.

Dennoch eilte man sich bei der Produktion von CONAN THE BARBARIAN, Madrid möglichst schnell zu verlassen und in Almeria weiterzuarbeiten. Auch durch diese Schnelligkeit, mit der gearbeitet wurde, kamen Verletzungen zustande, so eben Sandahl Bergmans Cut am Finger.

Bei einer Szene stürzte Schwarzenegger und blutete aus einer Wunde. Milius sah die Gelegenheit und meinte: „Nicht anfassen. Das sieht toll aus." Und dann gab er Arnold noch einen weisen Rat mit auf den Weg: „Schmerz ist temporär, Film ist ewig."

Diszipliniert, wie Arnold ist, ertrug er alles ohne zu murren. Ganz anders als seine Kollegen, die des Öfteren Beschwerden beim Regisseur führten. Ein Schauspieler konnte die Kälte, die in Almeria vorherrschte nicht mehr ertragen und jammerte diesbezüglich bei Milius. Schwarzenegger bekam das mit, zog sich in seinen Trailer zurück und bereitete sich vor. Als Milius mit dem anderen Schauspieler vorbeikam, saß Schwarzenegger mit nacktem Oberkörper in der klirrenden Kälte vor seinem Wohnwagen und las ein Magazin. „Was machst Du da?", fragte Milius. Und

Arnold antwortete: „Ich lerne, nicht zu zittern." Daraufhin beschwerte sich sein Kollege niemals wieder über die Kälte.

Die Dreharbeiten endeten im Mai 1981. Als der Film der MPAA vorgelegt wurde, forderte die einige Schnitte, da der Streifen zu gewalttätig geworden war. DeLaurentiis dachte indes darüber nach, ob er Schwarzenegger nachsynchronisieren lassen sollte, aber Milius beschwor ihn, dies nicht zu tun. Oder zumindest die Testvorführungen abzuwarten, um zu sehen, wie der Film aufgenommen wird. DeLaurentiis stimmte zu und war überrascht, wie gut der Film, aber auch sein Star vom Publikum aufgenommen wurden.

Schwarzenegger überzeugte auch, weil er enorm an der Werbetrommel rührte. Er gab weltweit zahlreiche Interviews und setzte sich voll und ganz dafür ein, den Film so erfolgreich zu machen, wie er nur konnte.

Was ihn selbst betraf, so war er sicher, dass der Film ein Hit werden würde. Und so entschied er sich, seine Agenten zu verlassen und zu einer prestigeträchtigeren Agentur zu gehen. Ein durchaus übliches Vorgehen in Hollywood, allerdings wagten die meisten Schauspieler dies erst, nachdem sie einen Hit gehabt haben. Arnold war jedoch so zuversichtlich, diesen Schritt sofort zu gehen, ohne überhaupt zu wissen, wie erfolgreich CONAN THE BARBARIAN sein würde. Und so unterschrieb er bei der Agentur ICM.

Neben der enorm gut gestalteten Welt, die nach Howard 12.000 Jahre vor unserer Zeitrechnung existieren sollte, war der Film ohne Frage auch wegen Schwarzenegger erfolgreich. Trotzdem hätte natürlich

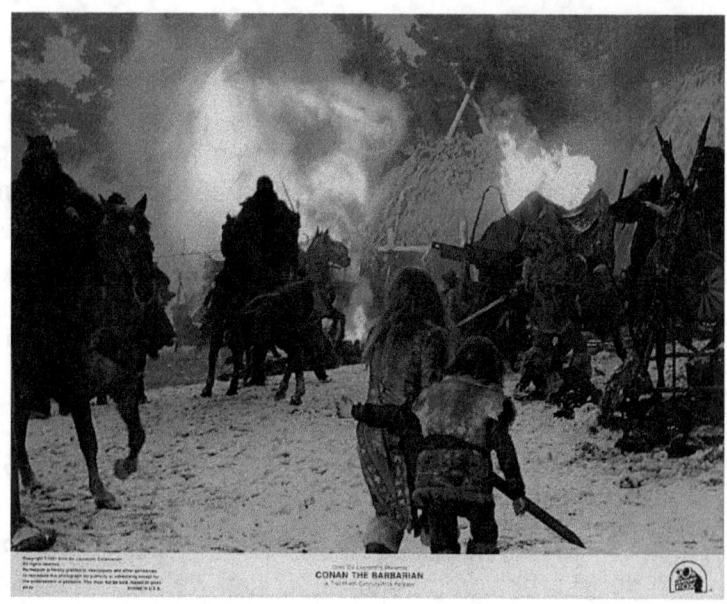

CONAN THE BARBARIAN
a Dino De Laurentiis Presentation

die an sich imposante Präsenz von Schwarzenegger alleine nicht für den Erfolg des Films ausgereicht.

Vielmehr besticht CONAN THE BARBARIAN durch Milius' bildgewaltige Inszenierung, die Howards Worten in Nichts nachsteht, sondern sie in der einzig denkbaren Form zum Leben erweckt. Abgerundet wird das Ganze durch die pompöse Musik von Basil Poledouris, der hierfür auch bei CONAN THE DESTROYER (CONAN, DER ZERSTÖRER, 1984) wieder tätig wurde.

Der Film musste eine Menge Schelte einstecken, da er sich nur noch wenig an die Vorlage hält und eher mit den Comics denn den Geschichten zu vergleichen ist, aber nichtsdestotrotz ist er ein gewaltiger Film, der an Schauwerten reich ist und eine alte Story auf neue Art erzählt. Das Publikum fühlte sich von dem Film angesprochen. Trotzdem sich die Kritiker vor allem

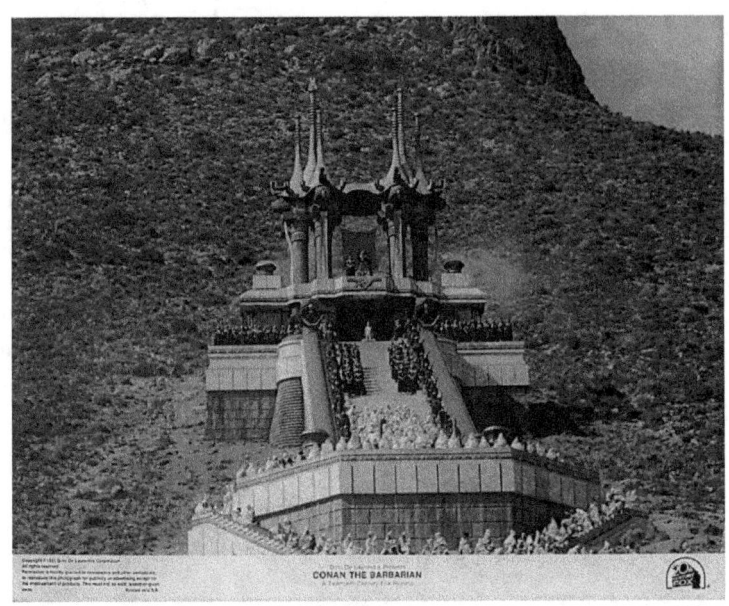

Schwarzenegger selbst einschossen, war der Film weltweit erfolgreich und machte Schwarzenegger praktisch über Nacht zum Star.

Zu Recht, denn es gelingt Schwarzenegger in diesem Film durchaus, nicht nur stoisch und tumb zu erscheinen. Er überzeugt auch in Szenen, in denen er Emotionen zeigen muss, so etwa bei Valerias Beerdigung. Er hatte den Film gefunden, der das perfekte Vehikel für ihn war. Schon bald sollte ihm das noch einmal gelingen, doch zuerst stand das Sequel auf dem Plan: CONAN THE DESTROYER.

John Milius

Der Mann, der Conan erstmals auf die Leinwand brachte, wurde am 11. April 1944 in St. Louis, Missouri, geboren. Sein voller Name: John Frederick Milius, einer der jungen Wilden, die in den 70er Jahren Hollywood neu aufrollten.

Milius ist der Sohn eines Schuhfabrikanten und wollte sich in den späten 60er Jahren dem Marine Corps anschließen, wurde jedoch wegen seines chronischen Asthma-Leidens abgelehnt. Seine Faszination für Waffen und alles Militärische führt er auf diese Enttäuschung zurück.

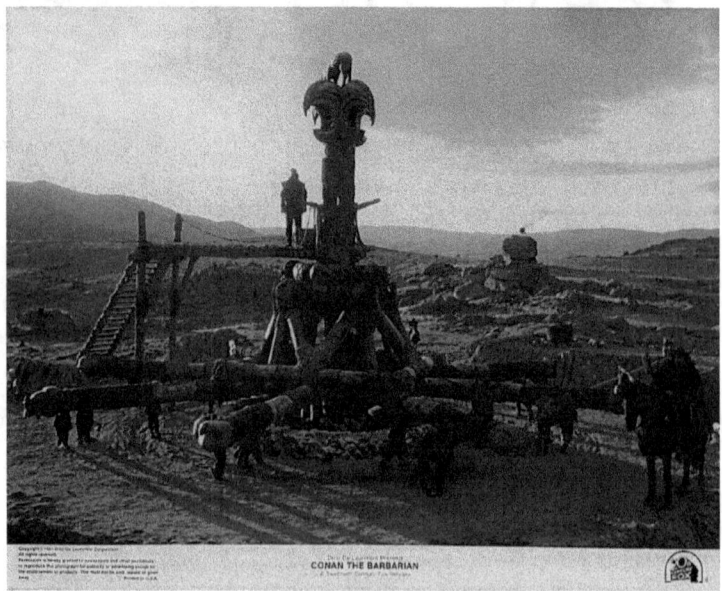

Milius studierte an der University of Southern California School of Cinema-Television und begann seine Karriere zu Studentenzeit mit dem Kurzfilm MARCELLO I'M

BORED, der 1967 fertig gestellt wurde. Im kommenden Jahrzehnt entwickelt sich Milius zu einem gefragten Drehbuchautor. Er verfasste das Skript für DIRTY HARRY (DIRTY HARRY, 1971), gab die Story für das Sequel vor und schrieb DAS WAR ROY BEAN (THE LIFE AND TIMES OF JUDGE ROY BEAN, 1972). Aus seiner Feder floss auch das Drehbuch für Francis Ford Coppolas APOCALYPSE NOW (APOCALYPSE NOW, 1979).

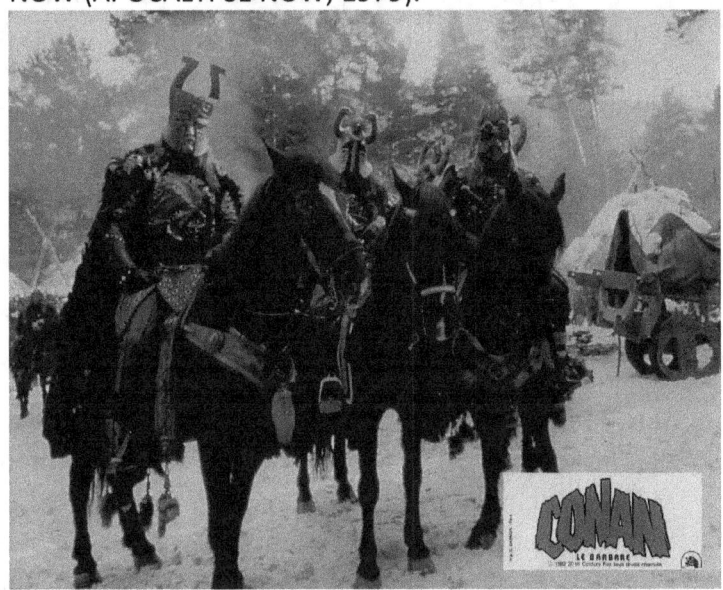

Gleichzeitig versuchte er sich auch als Regisseur und hatte 1975 die Gelegenheit, das eigene Drehbuch zu DER WIND UND DER LÖWE (THE WIND AND THE LION) umzusetzen. Drei Jahre später folgte TAG DER ENTSCHEIDUNG (BIG WEDNESDAY, 1978), doch erst in den 80er Jahren begann sein Stern so richtig zu strahlen, auch wenn ihm reaktionäre Tendenzen unterstellt wurden.

1982 inszenierte er CONAN, DER BARBAR und folgte diesem zwei Jahre später mit DIE ROTE FLUT (RED DAWN), in dem er davon erzählt, wie die Sowjets einen Teil der USA besetzen und Teenager als Guerillas gegen sie kämpfen müssen. Der Film wurde immerhin mit einem Remake geadelt, das 2011 in die Kinos kommen soll.

Als Regisseur verantwortete Milius nur wenige Filme: DER DSCHUNGELKÖNIG VON BORNEO (FAREWELL TO THE KING, 1989), FLUG DURCH DIE HÖLLE (FLIGHT OF THE INTRUDER, 1991) und die TV-Produktionen MOTORCYCLE GANG (1994) und ROUGH RIDERS (1997). Im Jahr 2001 wollte Milius mit „Crown of Iron" einen abschließenden Conan-Film inszenieren, bei dem er auch gerne Arnold Schwarzenegger dabeigehabt hätte. Aus dem Projekt, für das er bereits ein Drehbuch verfasst hatte, wurde jedoch nichts.

Als Produzent betreute er von 2005 bis 2007 die aufwendige Historienserie ROM (ROME), die auf dem Bezahlsender HBO gelaufen ist. Zur Danach arbeitete Milius an dem Skript zu einem Film namens JOURNEY OF DEATH, einem modernem Western, für den er gerne den Wrestler Triple H und Clive Owen verpflichtet hätte. Außerdem ist er im Gespräch für einen Film über Dschinghis Khan, arbeitet an der HBO-Serie PHARAOH und soll, wenn alles gut geht, aus dem Roman „Aztec" eine Fernsehminiserie machen.

Milius ist in dritter Ehe verheiratet. Seine Frau Elan Oberon, die auch bei DER DSCHUNGELKÖNIG VON BORNEO dabei war, gab ihm 1992 das Ja-Wort. Mit seiner ersten Frau Renee Fabri hat er zwei Kinder, mit

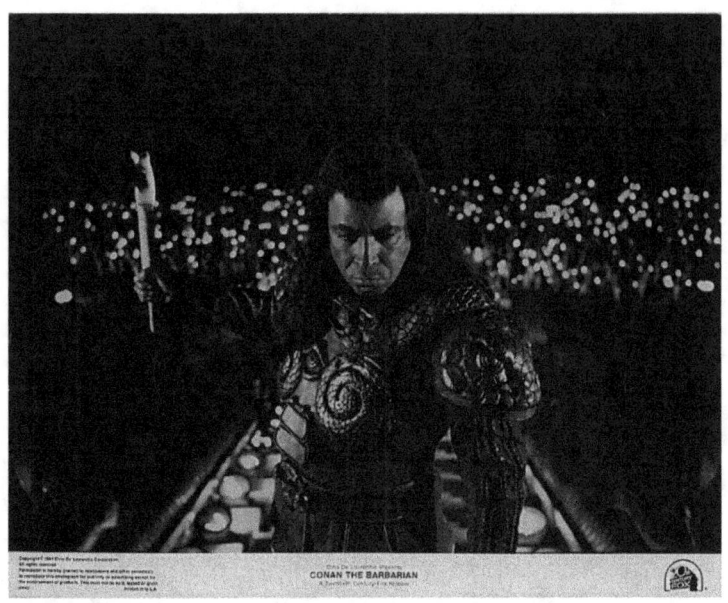

seiner zweiten Frau Celia Kaye ein Kind. Unsterblich ist Milius auch und vor allem geworden, weil ein paar der von ihm kreierten Dialoge in den allgemeinen Sprachschatz eingegangen sind. Vor allem gilt dies für „Ich liebe den Geruch von Napalm am Morgen" und Dirty Harrys „Do you feel lucky?"-Rede.

Conan, der Zerstörer

Originaltitel: Conan the Destroyer
USA 1984
Laufzeit: 103 Minuten
Erstaufführung: 29.06.1984
Regie: Richard Fleischer
Drehbuch: Stanley Mann
Kamera: Jack Cardiff
Musik: Basil Poledouris
Schnitt: Frank J. Urioste
Darsteller: Arnold Schwarzenegger (Conan), Grace Jones (Zula), Wilt Chamberlain (Bombaata), Mako (Akiro), Tracey Walter (Malak), Sarah Douglas (Königin Taramis), Olivia d'Abo (Jenna), Pat Roach (Toth-Amon), Jeff Corey (Grand Vizier), Sven-Ole Thorsen (Togra), Ferdy Mayne (The Leader), André the Giant (Dagoth)

Story

Im Auftrag der bösen Königin Taramis begibt sich Conan auf eine gefährliche Mission: Er soll ein juwelenbesetztes Zauberhorn erobern, das der Magier Toth-Amon in seiner Gewalt hat. Zusammen mit Jenna, der schönen Nichte der Königin, der Banditin Zula, dem Zauberer Akiro, dem Dieb Malak und dem Riesen Bombaata macht sich Conan auf den Weg — doch er ahnt nicht, dass er zum Opfer eines heimtückischen Verrats werden soll. Denn Taramis plant, den bösen Gott Dagoth wieder zum Leben zu erwecken. Und dazu braucht sie das Horn und das jungfräuliche Blut Jennas...

Hintergründe

CONAN THE BARBARIAN war international erfolgreich, wobei er im Rest der Welt besser lief als in den USA selbst. Darum bestand Interesse an einem Sequel. Und Arnold Schwarzenegger stand sowieso bereit, da er einen Vertrag über sechs Filme unterschrieben hatte. Das Studio wollte diesmal von DeLaurentiis jedoch die Zusicherung, dass der Film massenkompatibler sein musste, d.h. er musste ein Rating bekommen, mit dem auch Teenager in die Kinos gehen konnten.

Laurentiis übertrug die Produktion seiner Tochter Rafaella, die für das Schreiben des Drehbuchs die Comic-Autoren Roy Thomas und Gerry Conway anheuerte, die bei den Bilderheften schon große Erfahrungen mit dem Barbaren gesammelt hatten, doch sowohl ihre Treatments des noch als CONAN – KING OF THIEVES gehandelten Films als auch das Drehbuch waren nicht umsetzbar. Die Ideen, die die beiden Autoren hier eingebracht hatten, waren zu kostspielig. So heuerte man Stanley Mann an, das Drehbuch zu verfassen. Er hatte für DeLaurentiis schon FIRESTARTER (FEUERKIND, 1984) geschrieben und machte sich nun daraus, aus den vielen Ideen ein produzierbares Skript zu gestalten.

Schwarzenegger war unsicher, ob die neue Ausrichtung mit weniger Gewalt dem Film und seiner Figur nicht schaden würde, doch er erkannte schließlich, dass es Action mehr als genug gab – nur das spritzende Blut war gewichen. Der Schauspieler hätte auch gerne wieder mit John Milius gearbeitet, aber der war mitten in der Produktion von RED DAWN (DIE ROTE FLUT, 1984)

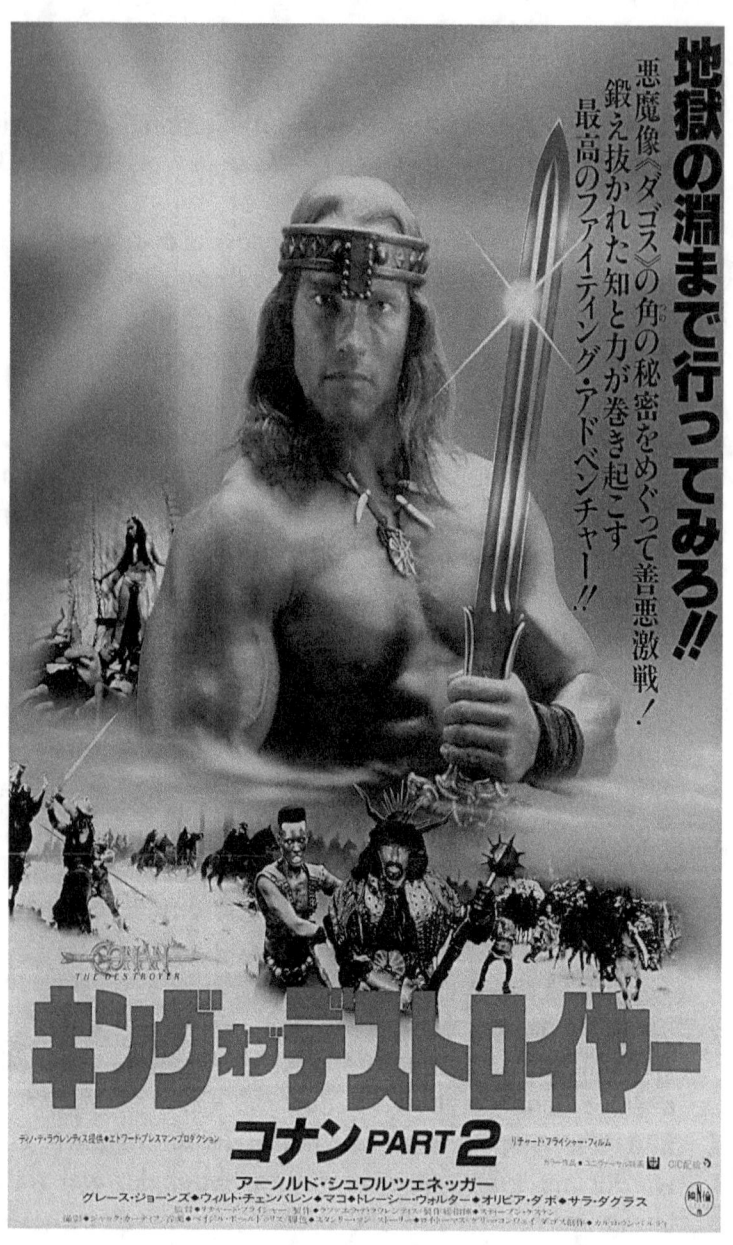

und daher unabkömmlich. Dino empfahl seiner Tochter daraufhin den Veteranen Richard Fleischer, der für ihn AMITYVILLE 3-D (AMITYVILLE 3-D, 1983) gemacht hatte und seit mehr als drei Jahrzehnten ein gefragter, weil routinierter Regisseur war.

Zu seinen größten Erfolgen gehört 20.000 LEAGUES UNDER THE SEA (20.000 MEILEN UNTER DEM MEER, 1954). Er hatte auch THE VIKINGS (DIE WIKINGER, 1958) inszeniert, den John Milius als eine Inspiration für seinen CONAN THE BARBARIAN bezeichnete. Mit Fleischer kam übrigens auch Kameramann Jack Cardiff, der mit dem Regisseur schon fast drei Jahrzehnte zuvor die Wikinger umgesetzt hatte.

Von Conan hatte Fleischer keine Ahnung, aber als man ihm das Angebot machte, sah er sich den ersten Film an und mochte, was sich ihm darbot. Er fand jedoch, dass der Film ein paar auflockernde Gags hätte vertragen können. Das sollte es nun im zweiten Teil geben.

Danach traf sich Fleischer mit Schwarzenegger und fragte ihn, ob er noch Muskelmasse zulegen könnte? Denn Fleischer war anders als Milius der Meinung, dass Conan so groß und imposant sein sollte, wie es nur menschenmöglich war.

Zudem hatte er auch vor, Arnolds Körper nicht zu sehr unter Kleidung zu verstecken, wie dies im ersten Teil noch großteils der Fall gewesen ist. Darum bewegt sich Conan im zweiten Film auch praktisch durchgehend oben ohne, etwas, das in den Comics etwa schon immer Gang und Gebe war.

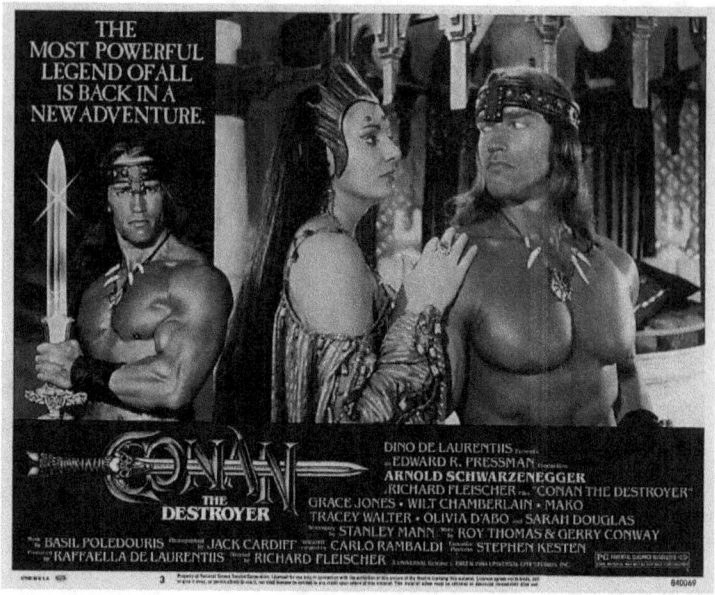

Arnold begann mit dem Training und legte innerhalb von zwei Monaten fünf Kilogramm an Muskelmasse zu.

Die Dreharbeiten für diesen Film sollten nicht mehr in Europa stattfinden. Man wollte in Mexiko drehen, was hauptsächlich ökonomische Gründe hatte, denn die Arbeitskraft war dort sehr viel günstiger, so dass sich der Film trotz eines kleineren Budgets – es wurden 16 Millionen Dollar ausgegeben – Sets leisten konnte, die größer als noch beim Vorgänger erschienen.

Gedreht wurde in den Churubusco Studios in Mexico City, wo DeLaurentiis auch DUNE (DUNE – DER WÜSTENPLANET, 1984) produzieren ließ. Illustrator für den Film war diesmal nicht mehr Ron Cobb, der verhindert war, sondern William Stout. Als Schwertmeister kehrte Kiyoshi Yamazaki zurück. Vor der Kamera gab es freilich hauptsächlich neue Gesichter.

Neben Schwarzenegger kehrte lediglich Mako zurück. Sven Ole Thorsen spielte erneut einen Schurken, aber sein Part war klein und gänzlich anders als im ersten Film. Für die Parts von Zula und Bombaata heuerte man Sängerin Grace Jones und Basketballstar Wilt Chamberlain an, die hier ihr Schauspieldebüt gaben. Abgerundet wurde das Ensemble mit dem schlaksigen Tracey Walter und der jungen Olivia D'Abo.

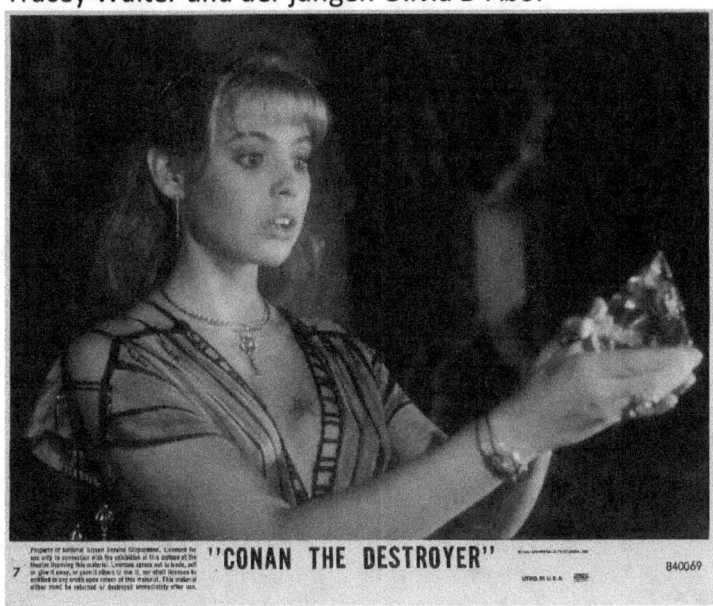

"CONAN THE DESTROYER"

Die Dreharbeiten begannen am 1. November 1983. Zu dem Zeitpunkt war Schwarzenegger bereits seit ein paar Wochen ein amerikanischer Staatsbürger. Am 16. September nahm er die Staatsbürgerschaft an, behielt aber zugleich auch seine österreichische. Zehn Wochen drehte man in den Churubusco Studios, danach folgten vier Wochen an Freiluftdrehorten wie dem erloschenen Vulkan Nevado de Toluca und der Samalayucca Wüste.

Für die Gestaltung des Fleisch werdenden Gottes Dagoth verpflichtete man den Italiener Carlo Rambaldi, der durch seine Arbeit an E.T. (E.T. – DER AUSSERIRDISCHE, 1982) weltberühmt geworden ist und zuvor für DeLaurentiis an KING KONG (KING KONG, 1976) gearbeitet hatte. Für Dagoth erschuf er eine mehr als zwei Meter große Gestalt, in der ein Stuntman steckte und die darüber hinaus mit zahlreichen Kabeln gelenkt wurde.

Für Schwarzenegger waren die Dreharbeiten anstrengend. Er erlitt zwar keine Verletzungen wie beim ersten Film, schlief aber jede Nacht nur etwa fünf Stunden. Des Tags legte er dann zwei Nickerchen ein, nach denen er sich wieder erfrischt fühlte.

In jener Zeit lernte er auch die Publizistin Charlotte Parker kennen, die für die Firma Rogers & Cowan tätig war und die man ihm zugeteilt hatte. Beide starteten auf dem falschen Fuß, da Schwarzenegger missfiel, dass man ihm eine Anfängerin zur Seite gestellt hatte, doch sie verstand, was Arnold wollte und es entwickelte sich eine fruchtbare Zusammenarbeit. Schwarzenegger war bewusst, dass das Einspiel in den USA nicht alles ist und er auch ein Star im Rest der Welt sein wollte.

Darum sollte Parker dafür sorgen, dass er auch auf Magazin-Covers europäischer Publikationen zu sehen sein sollte – etwas, das amerikanische Kollegen gerne vernachlässigten. Die geschäftliche Beziehung beider Menschen verlief derart gut, dass Schwarzenegger ihr anbot, seine persönliche Publizistin zu werden. Ein

Angebot, das sie annahm und das zu beiderseitigem Vorteil war.

CONAN THE DESTROYER entwickelte sich in eine völlig andere Richtung als sein Vorgänger. Selten gab es eine Fortsetzung, die sich so radikal vom Erstling unterschied. In diesem Film, der auf eine Vorlage der Comic-Autoren Gerry Conway und Roy Thomas zurückgeht, ist Conan nicht mehr der wortkarge Einzelkämpfer, sondern ein Team-Spieler, der den eigenen Vorteil außen vorlässt und stattdessen unentgeltlich zur Rettung eines unschuldigen Mädchens eilt. Ansonsten funktioniert der Film nach den ehernen Regeln der Quest, bei der alle Beteiligten einen prüfungsreichen Weg beschreiten müssen.

Anders als CONAN THE BARBARIAN verfügt das Sequel auch über eine Menge Humor, lässt aber Schwarzeneggers damals noch auftretende schauspielerische Defizite um ein Vielfaches klarer zum Vorschein treten. Dafür ist CONAN THE DESTROYER natürlich der einfacher zu goutierende Film, da er wenig mehr als ein hübsch anzusehendes Action-Abenteuer darstellt.

In seiner Essenz ist dies ein „Feel Good"-Movie, das etwas konventionell gestrickt, dafür aber ohne größere Probleme ansehbar ist. Wo der erste Teil gewalttätig und brutal war, zeigte sich der zweite Teil als astreiner Actionfilm, bei dem die Kämpfe zwar schön choreographiert, aber auch enorm unblutig waren. Das realistischere Bild eines Schwertkampfs mit all seinen hässlichen Verletzungen präsentierte ohne Frage CONAN THE BARBARIAN, aber ein großes Publikum interessierte

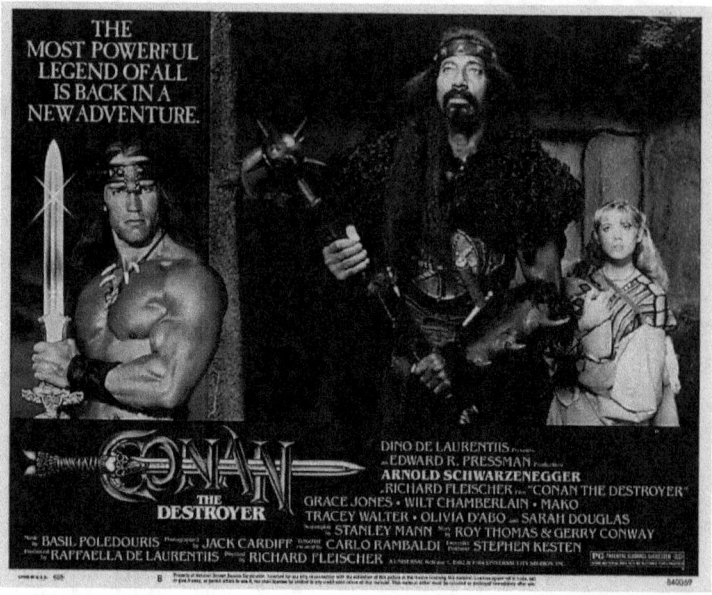

sich zweifelsohne eher für eine phantastische Darstellung, die man schön ansehen kann, bei der man aber keine hässlichen Bilder zu erwarten hat. Außerdem endete CONAN THE BARBARIAN mit einem gebrochenen Conan, der nicht weiß was er nun, da er seine Rache bekommen hat, anfangen soll.

Ansonsten besticht CONAN THE DESTROYER durch einen erhöhten Fantasy-Aspekt und präsentiert mehr übernatürliche Schrecken und Gegner, denen sich Conan und die Seinen stellen müssen.

Mit dieser neuen Annäherung an Howards Helden waren die harten Fans aber genauso unzufrieden wie zuvor. Das Publikum kam zwar noch, aber nicht mehr in der Masse wie zuvor. Ein dritter Teil rückte damit in weite Ferne. Schwarzenegger war durchaus bereit, noch einmal Conan zu spielen und über die Jahre gab es immer wieder Versuche, einen Film mit Arnold als König Conan auf die Wege zu bringen, doch diese fruchteten nie.

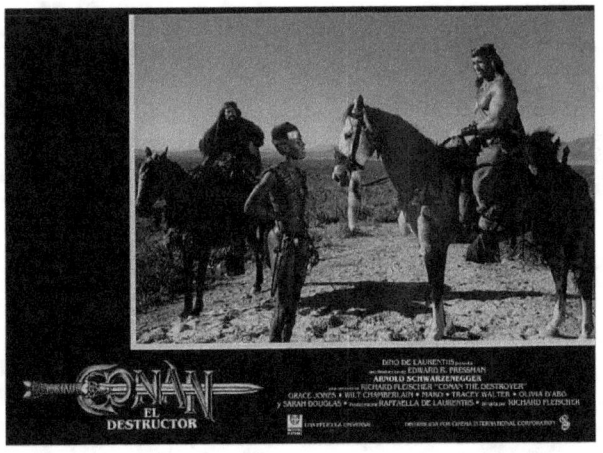

Eine Lektion, die Schwarzenegger mit CONAN THE DESTROYER gelernt hatte, war jedoch, dass er nur ungern in Sequels mitspielen wollte. Er mochte Conan und nach außen hin erklärte er durchaus, gerne weitere Filme zu machen, doch über die Jahre zeigte sich, dass Schwarzenegger nur ungern Fortsetzungen drehte. Die einzige Ausnahme waren die TERMINATOR-Filme. Dabei hätte Schwarzenegger in späteren Jahren auch Gelegenheit gehabt, zu Filmen wie PHANTOMKOMMANDO oder PREDATOR Sequels nachzuschieben, doch er entschied sich jedes Mal dagegen.

So spielte er zwar immer wieder den Action-Helden, das aber in ganz und gar eigenständigen Filmen. Auch das mag ein Grund gewesen sein, dass

Schwarzenegger seinem Konkurrenten Sylvester Stallone irgendwann den Rang ablief, als dessen Serienheldenrollen an den Kinokassen untergingen.

König Conan

Seit dem Schlussbild von CONAN THE BARBARIAN hatte man auf ein KING CONAN-Projekt gewartet. John Milius war sehr darauf erpicht. Und einmal kam das Projekt eines neuen CONAN-Films der Grünlichtphase schon unheimlich nahe, doch am Ende zerbarst es doch wieder.

Man hatte John Milius geholt, um einen neuen Film zu machen. Das Drehbuch sollte von ihm sein und Unterstützung hätte er bei den durch THE MATRIX (MATRIX, 1999) bekannt gewordenen Regisseuren, den Wachowskis, gefunden.

Die Idee war, mit KING CONAN – ein möglicher Untertitel war THE IRON CROWN, eine Fortsetzung zu Milius' Original zu realisieren. Dass Arnold Schwarzenegger hier hätte mitwirken können, wäre ob der Politikkarriere der steirischen Eiche eher fraglich gewesen.

Doch diese Frage wirklich zu erörtern, dazu kam es nicht mehr, denn kreative Differenzen zwischen Milius und dem produzierenden Studio Warner führten einmal mehr dazu, dass das Projekt gestoppt wurde. Dabei hatte Milius sich schon mögliche Drehorte in der Türkei angesehen.

Ein neues CONAN-Projekt wurde von Marcus Nispel verwirklicht. In die Barbarenrolle schlüpfte der Hawaiianer Jason Momoa.

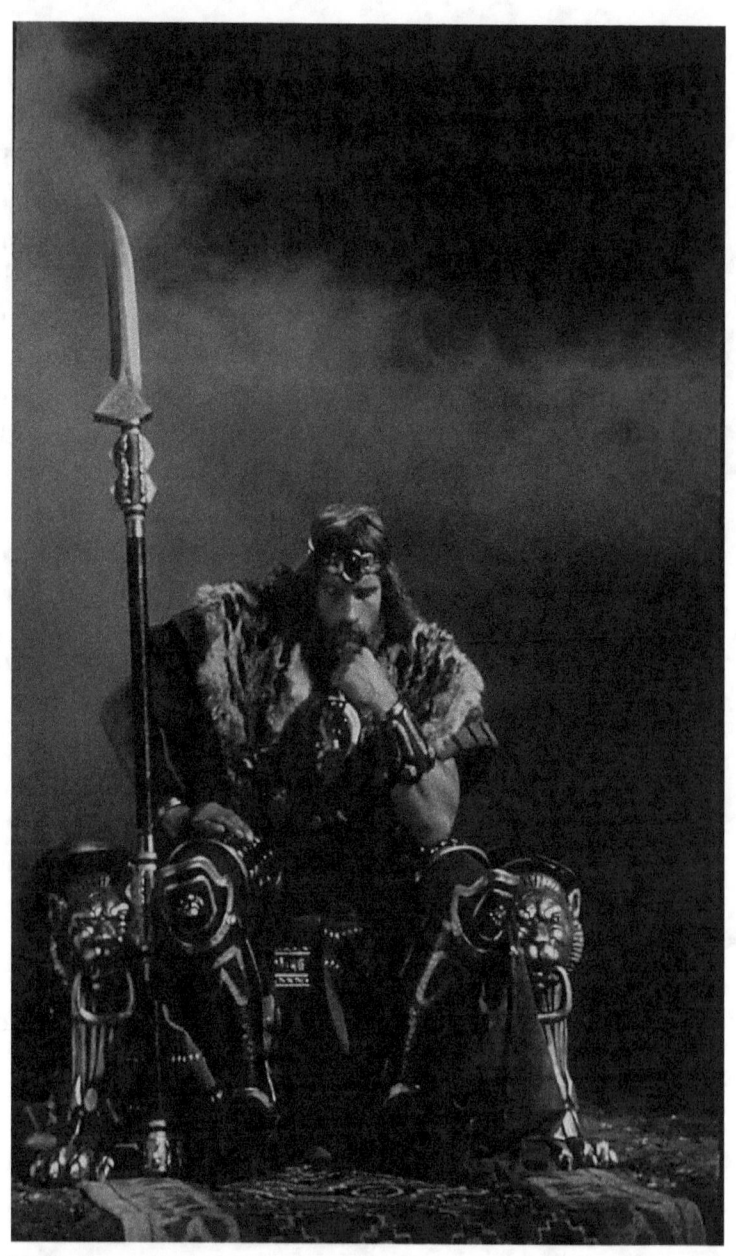

Im Bann des goldenen Horns

Die Autoren Roy Thomas und Gerry Conway, die die verschiedenen Treatments für CONAN THE DESTROYER geschrieben hatten, waren mit dem filmischen Endergebnis unzufrieden. 1990 veröffentlichten sie ihre Geschichte darum als Graphic Novel unter dem Titel CONAN: THE HORN OF AZOTH.

Gezeichnet wurde der Comic von Mike Docherty. Um nicht mit dem Film in einem Topf geworfen zu werden, gaben Thomas und Conway ihren Figuren neue Namen: Dagoth/Azoth, Jenna/Natari, Zula/Shumballa, Bombaata/Strabo, Toth-Amon/Rammon und Taramis und der Leader wurden im Zauberer Karanthes kombiniert, der der Vater von Natiri ist.

Die Graphic Novel erschien Anfang der 90er Jahre in deutscher Sprache beim Condor Verlag als 16. Ausgabe der Reihe „Marvel Comic Exklusiv". Der deutsche Titel lautet „Im Bann des goldenen Horns".

Die Ausgabe wurde jedoch aufgrund einiger Gewaltspitzen entschärft, indem man etwa über das Horn, das durch einen Brustkorb stößt, einen Textkasten gelegt hat.

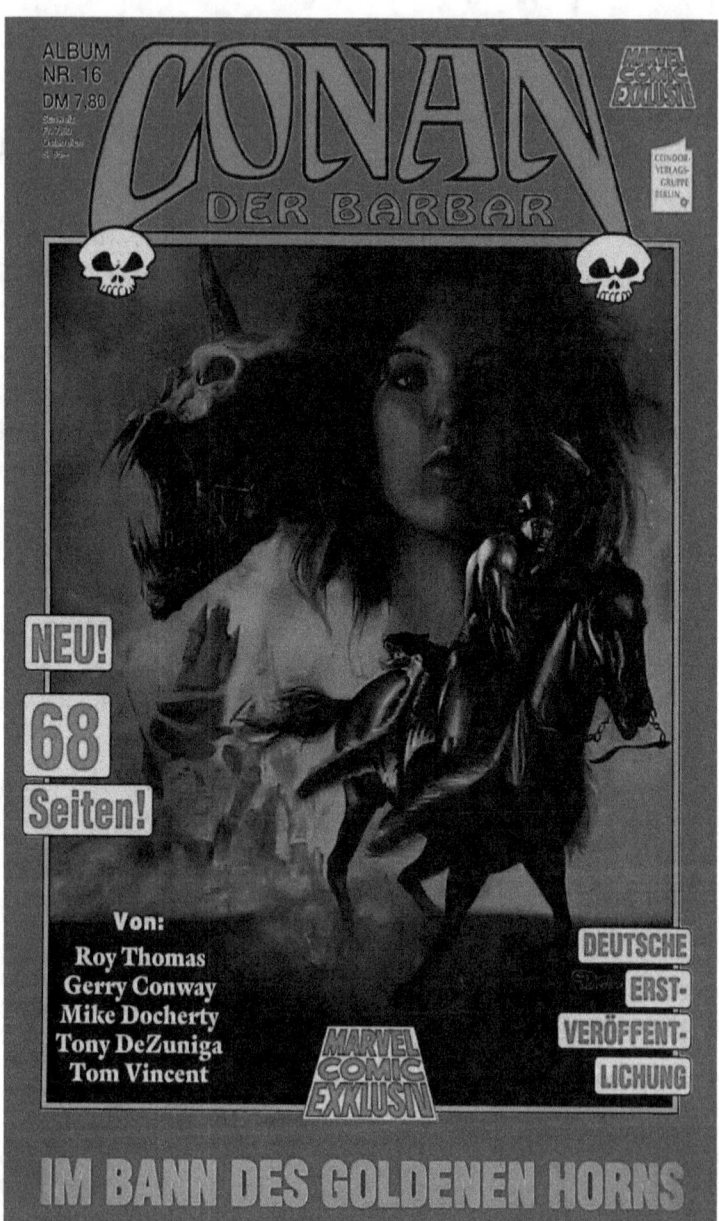

Richard Fleischer

Richard O. Fleischer hat fast 50 Filme in seinem Leben inszeniert. Geboren wurde der Regisseur am 8. Dezember 1916 in Brooklyn als Sohn von Max Fleischer, einem Produzenten und Zeichner, der einige Cartoons produzierte, die heute noch bemerkenswert sind, so etwa die frühen SUPERMAN-Zeichentrickfilme.

Zu Beginn seiner Karriere wurde Fleischer von seinem Vater protegiert und durfte kurze Zeichentrickfilme inszenieren. Zu Beginn der 40er Jahre verlegte er sich dann auf Realfilme. Er verantwortete die FLICKER FLASHBACKS. Dies waren Kompilationen von Stummfilmen, die mit einem Voice Over versehen wurden und über die sich die Filmemacher, aber auch das Publikum lustig machten.

Seinen ersten Realfilm inszenierte er im Jahr 1946: CHILD OF DIVORCE. Es schlossen sich in den kommenden Jahren Filme wie BODYGUARD (1948), THE CLAY PIGEON (1949) und DIE MENSCHENFALLE (TRAPPED, 1949) an. Kontinuierlich wurden die Produktionen, an denen er arbeitete, größer.

Und 1954 holte man ihn zu Disney, wo er 20.000 MEILEN UNTER DEM MEER (20,000 LEAGUES UNDER THE SEA) nach dem Roman von Jules Verne verantwortete. Mit diesem Film machte sich Fleischer einen Namen und konnte bald auf Angebote zurückgreifen, bei denen er mit ausreichendem Budget arbeiten konnte.

So drehte er 1958 den Historienschinken DIE WIKINGER (THE VIKINGS) und beschäftigte sich 1961 mit BARABBAS (BARABBAS), dem Mann, der anstelle von

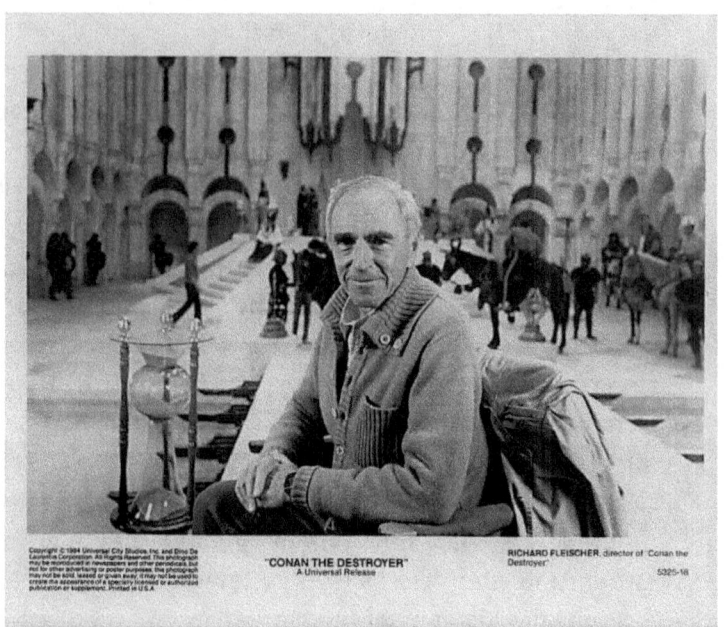

"CONAN THE DESTROYER" A Universal Release   RICHARD FLEISCHER, director of "Conan the Destroyer"   5325-18

Jesus freigelassen wurde (grandios gespielt von Anthony Quinn). Nach dem Monumentalfilm folgte eine mehrjährige Pause, nach der er sich mit DIE PHANTASTISCHE REISE (THE FANTASTIC VOYAGE, 1966) zurückmeldete.

Zum Ende des Jahrzehnts inszenierte Fleischer DOKTOR DOLITTLE (DOCTOR DOOLITTLE, 1967) und DER FRAUENMÖRDER VON BOSTON (THE BOSTON STRANGLER, 1968), der sich mit dem Fall des Serienkillers Albert DeSalvo beschäftigte. 1970 war Fleischer einer der Regisseure des Pearl-Harbor-Films TORA! TORA! TORA! (TORA! TORA! TORA!).

Mit Charlton Heston drehte er 2022 ... DIE ÜBERLEBEN WOLLEN (SOYLENT GREEN, 1972), einen der wichtigsten Science-Fiction-Filme der Dekade.

MANDINGO (MANDINGO, 1975) wiederum sorgte mit seinem kontroversen und provokativen Thema für Aufregung, ist dies doch ein Melodrama, das zu Zeiten der Sklaverei spielt.

In den 80er Jahren drehte er für Dino DeLaurentiis AMITYVILLE 3-D (AMITYVILLE 3-D, 1983) und absolvierte mit Conan und RED SONJA – DIE RACHE DER SCHWERTKÄMPFERIN (RED SONJA, 1985) zwei Ausflüge ins Reich der Barbaren. Seine letzte Regiearbeit war 1989 CALL FROM SPACE.

Fleischer war lange Zeit Vorsitzender der Fleischer Studios, wobei die Firma sich heutzutage hauptsächlich nur noch um die Lizensierung der eigenen Figuren kümmert. Er veröffentlichte 1993 seine Autobiographie „Just Tell Me When To Cry". Am 25. März 2006 starb Richard Fleischer im Schlaf.

Conan

Originaltitel: Conan the Barbarian
Tschechien / Großbritannien / Frankreich 2011
Laufzeit: 113 Minuten
Erstaufführung: 11.08.2011
Regie: Marcus Nispel
Drehbuch: Thomas Dean Donnelly, Sean Hood, Joshua Oppenheimer
Kamera: Thomas Kloss
Musik: Tyler Bates
Schnitt: Ken Blackwell
Darsteller: Jason Momoa (Conan), Stephen Lang (Khalar Zym), Rachel Nicholas (Tamara), Ron Perlman (Corin), Rose McGowan (Marique), Bob Sapp (Ukafa), Nonso Anozie (Artus)

Ein neuer CONAN-Film war über viele Jahre hinweg in der Entwicklung. Mal sollten die Wachowskis das Drehbuch schreiben, dann wiederum war John Milius dran, irgendwann träumte man gar von einem alten King Conan mit Arnie, aber dann wurden die Vorzeichen zusehends schlechter. Erst war Brett Ratner im Gespräch, dann mal Rob Zombie, geworden ist es Marcus Nispel. Das ist wie mit der Cholera und der Pest - was ist einem lieber?

Die Erwartungen in Hinblick auf CONAN THE BARBARIAN waren sehr gering. Die Arbeiten des Regisseurs waren durchwachsen, die versammelte Autorenriege stand auch nicht gerade für Qualität und die Trailer sahen ganz, ganz übel aus. Sie sind jedoch sehr aussagekräftig. Sieht man sie sich an, hat man das Gefühl, hier würde ein aufgemotzter Billigfilm des Syfy Channels beworben.

Conan wird auf dem Schlachtfeld geboren - mit Hilfe einer martialischen Form des Kaiserschnitts. Als er noch ein Junge ist, greift Khalar Zym auf der Suche nach dem letzten fehlenden Teil einer magischen Maske das Dorf an. Natürlich lässt er die Dorfbewohner niedermetzeln und zwingt auch Conan, dem Tod seines Vaters beizuwohnen. Dann rücken er und seine Mannen ab. Jahre später giert der erwachsene Conan nach Rache und findet endlich den Mann, dessen Kopf er von den Schultern trennen will. Doch mittlerweile ist Zym König und mächtiger denn je zuvor.

Die ersten Minuten sind noch einigermaßen vielversprechend. Die Sequenz mit dem jungen Conan, der sich als Krieger beweist, hat Flair. Auch Ron Perlman als sein Vater bringt eine Bodenständigkeit zu dem Film, die ihm immens gut tut, doch mit Perlmans Tod endet auch jedweder Unterhaltungswert, den CONAN THE BARBARIAN haben könnte. Kurz gesagt ist der Film ein totales Desaster. Die Geschichte ist extrem simpel gestrickt, geradeso, als hätte man den Klischee-Baukasten geplündert. Die Figuren sind durch die Bank eindimensional gestaltet. Noch nicht einmal Conan selbst macht so etwas wie eine emotionale Reise durch. Er ist von Anfang bis Ende unverändert. Dass er nicht im Mindesten dem entspricht, wie Robert E. Howard ihn beschrieben hat, könnte man noch ertragen, aber wie der Barbar als tumber Kraftprotz dargestellt wird, ist indiskutabel.

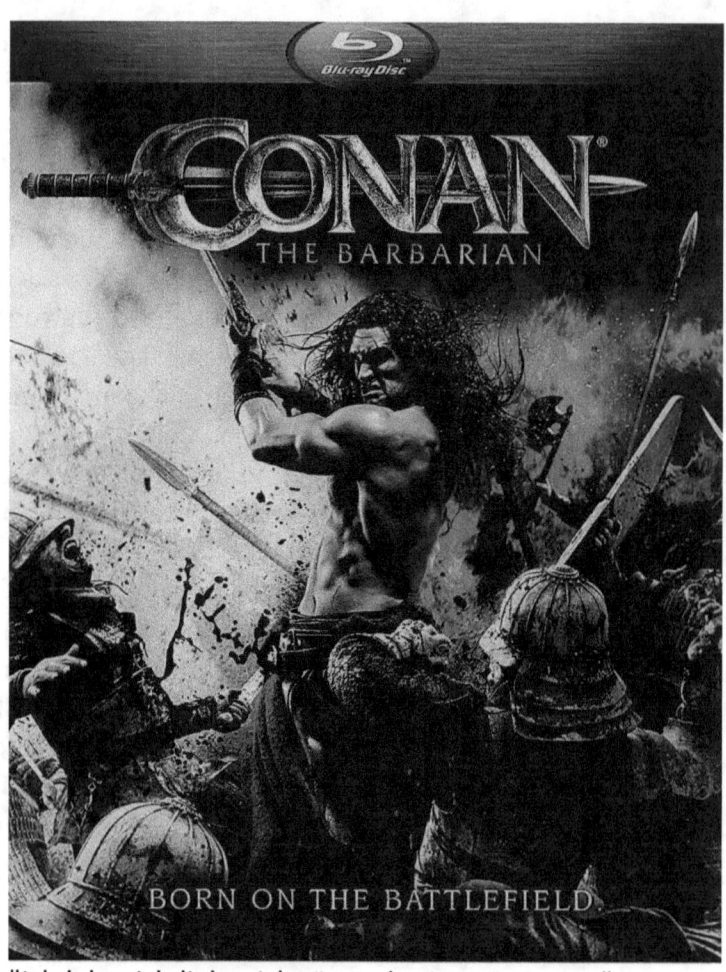

"Ich lebe, ich liebe, ich töte - das ist mir genug." - Das ist Conans Credo und kommt nicht mal ansatzweise an die Szene in John Milius' Film heran, als Conan erklärt, was im Leben das Wichtigste ist. Zudem wird nicht nur diese Dialogzeile, sondern eine jede andere auch, mit einer Leblosigkeit vorgetragen, die erschreckend ist. Arnold Schwarzenegger ist sicherlich kein besserer Schauspieler als Jason Momoa, aber im direkten Vergleich schlägt sein Conan diesen neuen Barbaren in jeder Beziehung. Momoa ist schlichtweg verschwendet, denn dass er mit Feuer und Elan spielen kann, hat er bei seinen Fernseh-Jobs schon unter Beweis gestellt.

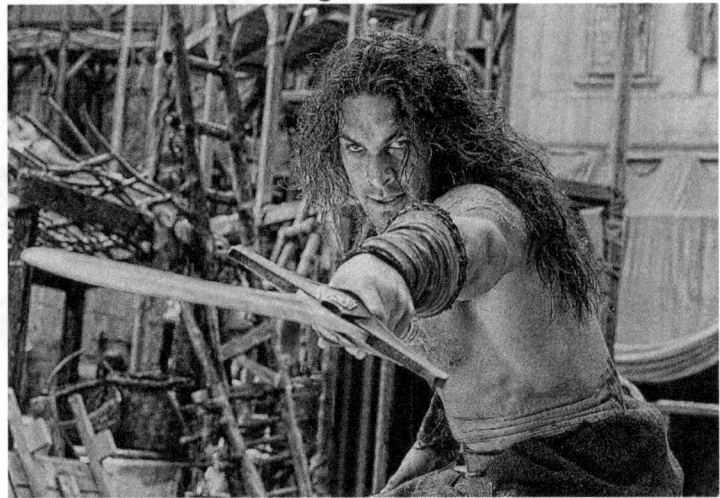

Dieser Film hat Dialoge, die sind so albern, dass man sich entweder wundert, wie die Schauspieler diese sauber runterrasseln konnten, oder aber einfach in Lachen ausbricht - letzteres hat das Publikum immer wieder gerne getan (z.B.: Remo: *"Khalar Zym hat ein Anrecht auf sie"* Conan: *"Ich habe ein Anrecht auf Dich."* Remo: *"Was für ein Anrecht?"* Conan: *"Das Anrecht des Todes."*).

Die Action-Sequenzen sind bisweilen nett, oftmals aber unnötig in die Länge gezogen (Stichwort: Sandmenschen) und mitunter aufgrund des 3-D-Effekts auch etwas wirr geraten. Zudem scheinen sich die Filmemacher irgendwann damit abgefunden zu haben, dass die Story nichts hergibt, weswegen versucht wurde, das mit purer Action wettzumachen. Das funktoiniert jedoch nicht. Stattdessen reiht sich ein Action-Episödchen an das nächste. Besonders peinlich wird es dann, wenn der Film meint, er müsse das Schwarzenegger-Original variieren (eine Hommage möchte ich das echt nicht nennen!).

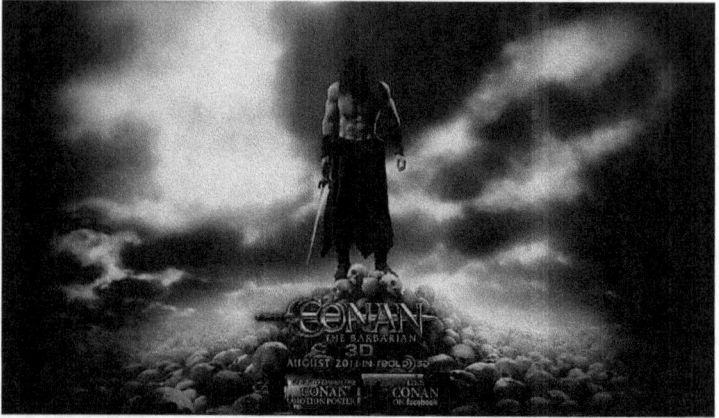

Conans Kampf gegen das Schlangenmonster (oder den Oktopus oder was auch immer diese Tentakel darstellen sollen) ist in keiner Sekunde dramatisch, sondern beweist nur einmal mehr die Ideenlosigkeit der Filmemacher. Dazu passend gibt es mit Dieb Ela-Shan einen Malak für Arme - zwar nicht so feige, aber ähnlich nervig. Und schlimmer noch: für die Handlung vollkommen unwichtig. Überhaupt wirken einige Szenen so, als hätte man überlegt, wie man den Film strecken kann. Denn dass Conan nach der Entführung von Tamara durch Zyms Häscher erstmal in die Stadt der Diebe reitet, um dann Ela-Shan zu holen, dann zu Zyms Festung kommt und dann umständlich einbricht, ergibt nicht den mindesten Sinn. Außer natürlich, man geht davon aus, dass Conan dumm wie ein Stück Brot ist, weswegen er nicht daüber nachdachte, dass während all dieser

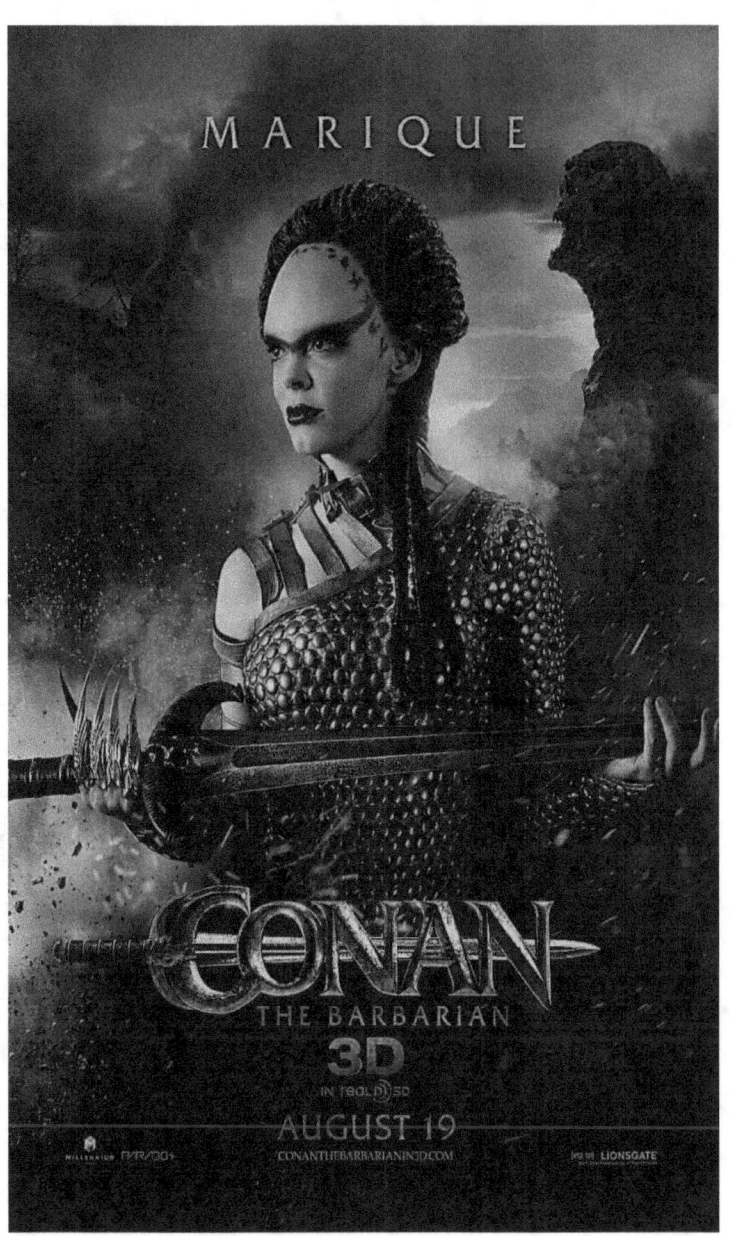

Zeitverschwendung seine *damsel in distress* schon längst geopfert worden sein könnte.

Zu seinem Gück ist das natürlich nicht so, weswegen Nispel ein Finale auf Sparflamme präsentieren kann, bei dem die Bösen (hässlich wie die Nacht finster: Rose McGowan) ruckzuck über den Jordan geschickt werden. Am Ende bringt Conan Tamara dann nach Hause zurück, sie meint, sie wisse, dass er nicht bleiben könne (Warum eigentlich? Eine 08/15-Pflichtsexszene mit den beiden hat's schließlich auch gegeben) und er verabschiedet sich, aber hofft, sie irgendwann wiederzusehen.

Nur gut, dass wir diesen Conan nicht nochmal sehen müssen. Die 90 Millionen Dollar teure Gurke ist in den USA untergegangen wie ein Stein. Effektiv hat Nispel das Franchise gekillt. In den nächsten zehn Jahren wird sicher keiner mehr mit einer Kneifzange Conan anfassen (und Red Sonja wird er wohl mit in den Strudel des Todes gerissen haben).

Jahrelang auf einen neuen CONAN gewartet - und dann kommt ein Film bei raus, der es mit Uwe Bolls miesesten Game-Verflmungen aufnehmen kann.

Conan im Fernsehen

1997 startete CONAN, DER ABENTEURER (CONAN) im amerikanischen Fernsehen und war Anfang 1998 auch im ZDF zu sehen (mittlerweile gibt es die Serie hier zu Lande auch auf DVD). Die Serie entstand im Zuge eines Fantasy-Booms, der Ende der 90er Jahre im Fernsehen stattfand und durch HERCULES (HERCULES: THE LEGENDARY JOURNEYS) und XENA: DIE KRIEGERPRINZESSIN (XENA: WARRIOR PRINCESS) ausgelöst worden ist.

Da man dem Bild Conans treu bleiben wollte, das durch Arnold Schwarzenegger geprägt wurde, entschied man sich für einen Bodybuilder. Der richtige Mann war bald gefunden: Der Deutsche Ralf Möller, ein persönlicher Freund von Schwarzenegger, der ihm nacheiferte, aber filmtechnisch im B-Sumpf versandet war. Nun schickte er sich wie weiland sein Freund an als kraftstrotzender Conan Karriere zu machen.

Die Idee an sich, Conan zahme Fernsehabenteuer im Stil von CONAN, DER ZERSTÖRER erleben zu lassen, war ja eigentlich nicht schlecht, aber die Ausführung zeigte, dass es nicht so leicht ist, den Barbaren ordentlich in Szene zu setzen. Die Geschichten waren nicht nur weichgespült, sondern auch elendig langweilig.

Gegen Möller lässt sich wenig sagen; sein Spiel ist zwar noch steifer als das von Schwarzeneggers frühen Auftritten, aber damit kann man sich schon arrangieren. Das Problem liegt vielmehr in den phantasielosen Geschichten, die Conan abermals ein Team bescheren

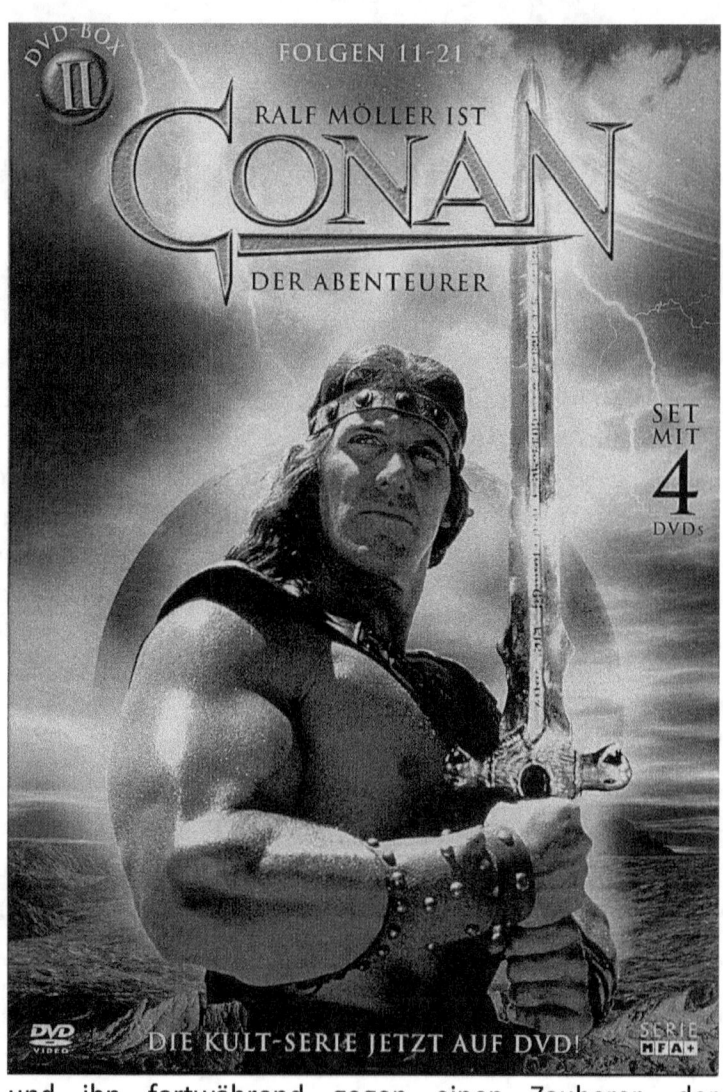

DVD-BOX II

RALF MÖLLER IST

CONAN

DER ABENTEURER

SET MIT 4 DVDs

DIE KULT-SERIE JETZT AUF DVD!

und ihn fortwährend gegen einen Zauberer, der Cimmeria, seine Heimat, beherrscht, kämpfen lässt.

Zum Teil grottenschlechte Schauspieler bevölkern Conans Fantasylandschaft und schlagen sich mit billigen

Requisiten und schrecklichsten Kulissen herum. Ein Gastauftritt von Verona Pooth, damals noch Feldbusch, schlug dem Fass dann den Boden aus. Die deutsch-amerikanische Ko-Produktion wurde in Mexiko gedreht. Insgesamt wurden 22 Folgen produziert.

Dass einer solch hingeschluderten Serie kein Erfolg beschieden sein würde, war natürlich klar und so endete das CONAN-Abenteuer auch nach nur einer Season. Zwar sprach Ralf Möller noch Jahre später davon, dass es eine weitere Season geben wird, doch Früchte trug sein Mantra erwartungsgemäß nicht.

Deutlich erfolgreicher waren Conans Zeichentrickabenteuer, denn schon 1992 gab es CONAN, DER ABENTEURER (CONAN: THE ADVENTURER). Damals wurde die Zeichentrickserie produziert, die es immerhin auf zwei Staffeln und insgesamt 65 Episoden brachte. Obwohl auf Kinder zugeschnitten, erwies sich diese Serie sogar besser als die Live-Action-Variante mit Ralf Möller. Anders als der Möller-Abenteurer hat es der Zeichentrick-Conan bislang nicht auf DVD geschafft. Ein bedauernswerter Umstand, ist dies doch eine sehenswerte Serie, die Fans des Barbaren ganz gut unterhält.

Eine weitere Zeichentrickserie entstand 1993, doch CONAN UND SEINE TAPFEREN FREUNDE brachte es nur auf 13 Episoden. Die Show funktioniert quasi als Fortsetzung zur ersten Zeichentrickserie, wobei Conan drei neue, junge Begleiter hat, die Dank eines Amuletts unsichtbar werden, Illusionen erzeugen und mit Tieren sprechen können.

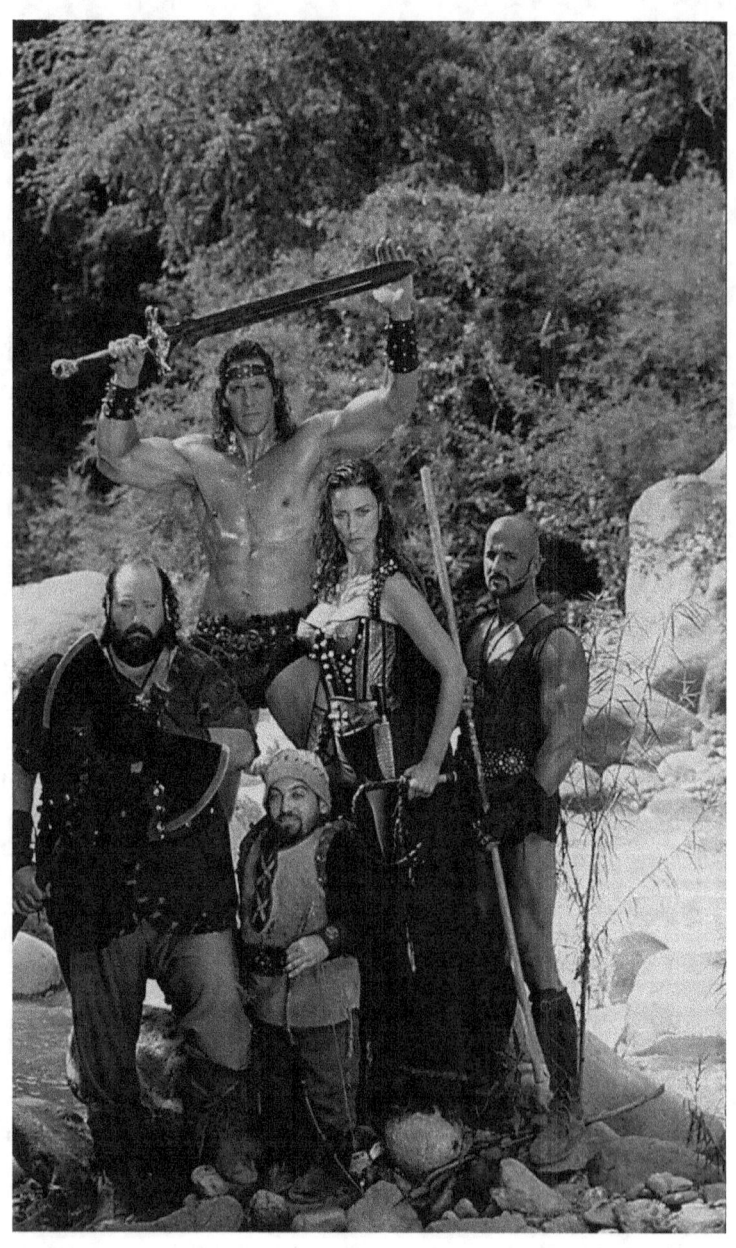

CONAN, DER ABENTEURER (Realserie)

Das Schwert von Atlantis (The Heart Of The Elephant)
Staffel 1, Folge 1 (85 Min.)

Vor Jahren hat der mächtige Magier Hissah Zul die Conans Eltern ermordet. Nun sinnt der Abenteurer auf Rache und will den Tyrannen zur Strecke bringen. Hissah setzt dagegen: Er sendet nicht nur seine Armee, sondern auch Zauberer Yara aus, um Conan zu vernichten. Doch der kann fliehen und folgt einer unbekannten Macht in die Berge. Dort entdeckt Conan das Schwert von Atlantis.

Deutsche Erstausstrahlung: Sa 03.01.1998 ZDF
Original-Erstausstrahlung: Mo 22.09.1997 Syndication

Gefangen in der Unterwelt (Lair of the Beastmen)
Staffel 1, Folge 2 (45 Min.)

Gemeinsam mit Otli, Vulkar und Zzeben ist Conan immer noch auf der Suche nach Hissah Zul. Um nicht in die Hände von dessen Untergebenen zu geraten, trennt sich Conan von seinen Begleitern. Kurz darauf wird er von Dämonenmenschen gefangen genommen, die in einem Tunnelsystem leben. Mit anderen Häftlingen muss Conan Erz abbauen. Damit produzieren die Dämonenmenschen Wunderwaffen für Hissah Zul.
Deutsche Erstausstrahlung: Fr 02.06.2006 13th Street
Original-Erstausstrahlung: Mo 06.10.1997 Syndication

Das Ungeheuer von Ahl Sohn-Bar (The Siege Of Ahl Sohn-bar)
Staffel 1, Folge 3 (45 Min.)

Conan und seine Weggefährten nähern sich dem Schloss von Hissah Zul. Kurz vorher befreien sie die schöne Rah-Sheen aus den Klauen eines Monsters. Conan und die junge Frau fühlen sich sofort zueinander hingezogen. Das ändert sich jedoch, nachdem sie Rah-Sheen in ihr Dorf zurückgebracht haben. Zuls Truppen belagern die Siedlung, und Rah-Sheen zeigt Conan ihr wahres Gesicht.

Deutsche Erstausstrahlung: Mo 05.06.2006 13th Street
Original-Erstausstrahlung: Mo 13.10.1997 Syndication

Ein Freund in alten Zeiten (A Friend In Need)
Staffel 1, Folge 4 (50 Min.)

Conan und seine Begleiter treffen unterwegs auf Savann, einem großen Krieger und alten Freund von Conan. Er erzählt ihnen, dass Krieger aus dem Schloss des Kultes seine Frau entführt haben. Conans will seinem Freund helfen und schlägt die Warnungen seiner Begleiter in den Wind. Die befürchten nämlich, dass es sich um eine Falle handelt. Kaum im Schloss angekommen, geraten Conan und Bayu tatsächlich in Gefangenschaft.

Deutsche Erstausstrahlung: Di 06.06.2006 13th Street
Original-Erstausstrahlung: Mo 20.10.1997 Syndication

Der Fluch der blutroten Steine (The Ruby Fruit Forest)

Staffel 1, Folge 5 (45 Min.)

Auf dem Weg nach Agida durchquert Conan mit seinen Begleitern einen Zauberwald. Kurz darauf wird Otli von einer Strömung im Fluss weggespült. Seine Freunde suchen verzweifelt nach ihm. Dabei werden die drei Helden von Waldbewohnern mit Pfeilen betäubt und dem Flussgott vorgeführt: es ist Otli. Er berichtet ihnen von wertvollen Rubinen, die im Wald versteckt liegen. Doch nur die Kinder wissen, wo genau sie zu finden sind.

Deutsche Erstausstrahlung: Mi 07.06.2006 13th Street
Original-Erstausstrahlung: Mo 27.10.1997 Syndication

Die Jagd nach dem Talisman (The Three Virgins)
Staffel 1, Folge 6 (45 Min.)

Auf der Suche nach ihren gestohlenen Pferden treffen die vier Helden auf Sklavenhändler. Nachem sie die Schurken vertrieben haben, finden sie in einem Wagen drei Tempeljungfrauen, die einen gestohlenen Talisman wiederbeschaffen sollten. Gemeinsam reisen alle nach Arenjun. Dort befindet sich der Talisman in den Händen des bösen Magiers Badad. Doch Karella kommt ihnen zuvor, und als Badad Conans Begleiter in Porzellan verwandelt, bleibt dem Helden nichts anderes übrig, als einen Handel abzuschließen.

Deutsche Erstausstrahlung: Do 08.06.2006 13th Street
Original-Erstausstrahlung: Fr 07.11.1997 Syndication

Der Wald des Verderbens (Ransom)
Staffel 1, Folge 7 (45 Min.)

Ein Zauber der Hexe Yantona bringt Conan und seine Begleiter zur Burg Ursaths. Der bittet Conan darum, seine Geliebte Adraina aus den Händen des Banditen Garth zu befreien, und unterbreitet ihm ein großzügiges Angebot. Conan willigt ein. In der Tat können die vier Adraina befreien, werden jedoch auf dem Rückweg überfallen: von der Banditenkönigin Karella.

Deutsche Erstausstrahlung: Fr 09.06.2006 13th Street
Original-Erstausstrahlung: Fr 14.11.1997 Syndication

Der Fluch von Afka (The Curse Of Afka)
Staffel 1, Folge 8 (50 Min.)

Eine Gruppe Zigeuner hat sich Conan und seinen Gefährten angeschlossen. Angeblich werden sie von dem mächtigen Magier Zingara verfolgt. Conan glaubt der Geschichte nicht so ganz, denn Zingara hat seiner Meinung nach kein Motiv dafür. Dann entdeckt er in einem Wagen der Zigeuner den heiligen Altar von Afka, den sie zuvor Shadizar entwendet hatten. Der Bestohlene spürt die Truppe bald auf und lässt Conan, Bayu und die Zigeunerin Katrina gefangen nehmen.

Deutsche Erstausstrahlung: Mo 12.06.2006 13th Street
Original-Erstausstrahlung: Fr 21.11.1997 Syndication

Der geheimnisvolle Doppelgänger (Impostor)

Staffel 1, Folge 9 (45 Min.)

Im Auftrag von Hissah Zuls erschafft der böse Zauberer einen Doppelgänger von Conan. Dieser überfällt mit seinem Gefolge ein Dorf nach dem anderen, um dem echten Conan die Zufluchtsmöglichkeiten zu nehmen. Der wahre Conan bekommt den Hass der Dorfbewohner schnell zu spüren. Zum Glück können er und seine Freunde die Betrüger zur Strecke bringen. Doch dann taucht erneut ein Doppelgänger auf.

Deutsche Erstausstrahlung: Di 13.06.2006 13th Street
Original-Erstausstrahlung: Fr 28.11.1997 Syndication

Die Rache des Bruders (Amazon Woman)
Staffel 1, Folge 10 (45 Min.)

Amazonenkriegerin Aura soll Prada, dem wahren König der Hesmers, seinen Sohn und somit den Thronfolger überbringen. Gerade, als sie von den Truppen von Pradas Bruder Zorga angegriffen wird, eilen ihr Conan und seine Freunde zu Hilfe. Es stellt sich heraus, dass Zorga ein Schüler Hissah Zuls ist. Conan zögert deshalb keine Sekunde, Aura und das Kind den Rest des Weges zu beschützen.

Deutsche Erstausstrahlung: Mi 14.06.2006 13th Street
Original-Erstausstrahlung: So 07.12.1997 Syndication

Die späte Rückkehr (Homecoming)
Staffel 1, Folge 11 (45 Min.)

Conan und seine Begleiter besuchen Bayus Heimatdorf. Der erfährt dort, dass seine Schwester Lukar gestorben ist. Schnell finden die vier heraus, dass sie in Wahrheit noch lebt. Aber sie soll den brutalen Lord Sen heiraten, um das Dorf vor dessen Zorn zu schützen. Selbst von ihrem Bruder lässt sich Lukar nicht von dem Vorhaben abbringen.

Deutsche Erstausstrahlung: Do 15.06.2006 13th Street
Original-Erstausstrahlung: Sa 25.01.1997 Syndication

Die Rettung der entführten Prinzessin (The Taming)
Staffel 1, Folge 12 (45 Min.)

Conan und seine Gefährten sollen die Tochter von König Orad befreien. Hana wurde von dem bösen Magier Novia entführt, um ihre Hochzeit mit dem Prinzen des Nachbarlandes zu verhindern. Da Conan dem König sein Leben verdankt, macht er sich auf den Weg zu Novias Schloss.

Deutsche Erstausstrahlung: Fr 16.06.2006 13th Street
Original-Erstausstrahlung: Sa 01.02.1997 Syndication

Das Geheimnis der ewigen Jugend (Red Sonja)
Staffel 1, Folge 13 (45 Min.)
Conan und seine Gefährten helfen einigen Soldaten bei der Reparatur einer Brücke. Während der Arbeiten bemerken die vier Helden nicht einmal, dass die Soldaten den jungen Lutai in einem Planwagen gefangen

halten. Während die Kriegerin Red Sonja versucht, Lutai zu befreien, zünden die Männer den Wagen an.

Deutsche Erstausstrahlung: Mo 19.06.2006 13th Street
Original-Erstausstrahlung: So 08.02.1998 Syndication

Die Schatten des Todes (Shadows of Death)
Staffel 1, Folge 14 (45 Min.)

Nachdem Conan und seine Gefährten Karella aus den Händen von Hissah Zul befreit haben, fliehen sie auf die Insel Vilayet. Die Gruppe ist gezwungen, sich zu trennen, da Zuls Männer bereits hinter ihnen her sind. Conan, Otli und Karella verstecken sich in einer verzauberten Ruine und werden plötzlich sehr müde.

Deutsche Erstausstrahlung: Di 20.06.2006 13th Street
Original-Erstausstrahlung: So 15.02.1998 Syndication

Vier Paten für ein Kind (The Child)
Staffel 1, Folge 15 (45 Min.)

Die Gefährten sind in die Gefangenschaft von Kannibalen geraten. Nachdem Conan auch noch gefoltert wurde, führt man die vier an den Galgen. Ihre letzte Stunde scheint angebrochen, doch Conan gelingt es gerade noch, einem Jugendlichen ein Messer zu entwenden. Zur selben Zeit erhält Hissah Zul eine Prophezeiung von dem sprechenden Totenschädel: Die Geburt eines ganz besonderen Kindes scheint bevorzustehen.

Deutsche Erstausstrahlung: Mi 21.06.2006 13th Street
Original-Erstausstrahlung: So 22.02.1998 Syndication

Der Zauberer des Kristallpfeils (The Crystal Arrow)
Staffel 1, Folge 16 (45 Min.)

Ein alter Schütze stellt sich allein dem Kampf gegen die Soldaten des skrupellosen Zauberers Khartan. In letzter Minute kommen Conan und seine Freunde dazu und greifen ein. Der Bogenschütze wurde aber bereits tödlich getroffen. Bevor er stirbt, übergibt er Conan einen magischen Kristallpfeil und bittet ihn, diesen zu dem Volk zu bringen, das hinter den Nebelpforten lebt. Allerdings sind die Nebelpforten durch schwarze Magie versiegelt.

Deutsche Erstausstrahlung: Do 22.06.2006 13th Street
Original-Erstausstrahlung: So 01.03.1998 Syndication

Die Befreiung (The Labyrinth)
Staffel 1, Folge 17 (45 Min.)

Conan und seine Gefährten helfen drei fremden Frauen, ein verschwundenes Kind zu finden. Während sich Otli um die Frauen kümmert, suchen die anderen drei nach den Entführern. Sie ahnen nicht, dass dies eine geschickt eingefädelte Falle ist, hinter der Hissah Zul steckt.
Deutsche Erstausstrahlung: Fr 23.06.2006 13th Street
Original-Erstausstrahlung: So 26.04.1998 Syndication

Die Höhle des Feuers (The Cavern)

Staffel 1, Folge 18 (45 Min.)

Hissah Zul lässt einen schrecklichen Sturm aufziehen, vor dem sich die vier Helden gerade noch in eine Höhle retten können. Als kurz darauf ein Erdbeben folgt, reißt der Boden auf und Conan stürzt in die Tiefe. Er findet sich in einer Grotte wieder, in die Zul seinen besten Krieger Kamikon schickt. Der soll Conan endlich vernichten.

Deutsche Erstausstrahlung: Mo 26.06.2006 13th Street
Original-Erstausstrahlung: So 03.05.1998 Syndication

Die geheimnisvolle Königin (Antidote)
Staffel 1, Folge 19 (45 Min.)

Begleitet von Conan und seinen Gefährten kehrt Königin Vita aus ihrem selbst auferlegten Exil in einer Höhle zurück. Der Ausgang wird allerdings von einem Monster und einem Zauberer, der Vitas Königreich an sich reißen will, versperrt. Kurz nachdem Vita die Höhle verlassen hat, altert die Königin unnatürlich schnell und stirbt. Da erfährt Conan, dass der Zauberer offenbar im Dienste von Hissah Zul steht.

Deutsche Erstausstrahlung: Di 27.06.2006 13th Street
Original-Erstausstrahlung: So 10.05.1998 Syndication

Tödliche Falle (Lethal Wizards)
Staffel 1, Folge 20 (45 Min.)

Drei Zauberer schließen sich Conan und seinen Freunden an. Gemeinsam wollen sie endlich Hissah Zul angreifen. Conan ahnt nicht, dass die Zauberer ihm nach dem Leben trachten. Zul hat davon Wind bekommen und ersinnt einen perfiden Plan. Der scheint zu funktionieren, denn kurz darauf sitzen Conan und seine Gefährten fest und sind ihrem Erzfeind gnadenlos ausgeliefert.

Deutsche Erstausstrahlung: Mi 28.06.2006 13th Street
Original-Erstausstrahlung: So 17.05.1998 Syndication

Die Macht der Freundschaft (Heir Apparent)
Staffel 1, Folge 21 (45 Min.)

Es steht schlecht um Conan, der von einem vergifteten Pfeil getroffen wurde. Ohne Gegenmittel wird der Abenteurer bald sterben. Seine Freunde müssen schnellstmöglich ein Heilmittel finden. Ein Wettlauf mit der Zeit beginnt.

Deutsche Erstausstrahlung: Do 29.06.2006 13th Street
Original-Erstausstrahlung: So 24.05.1998 Syndication

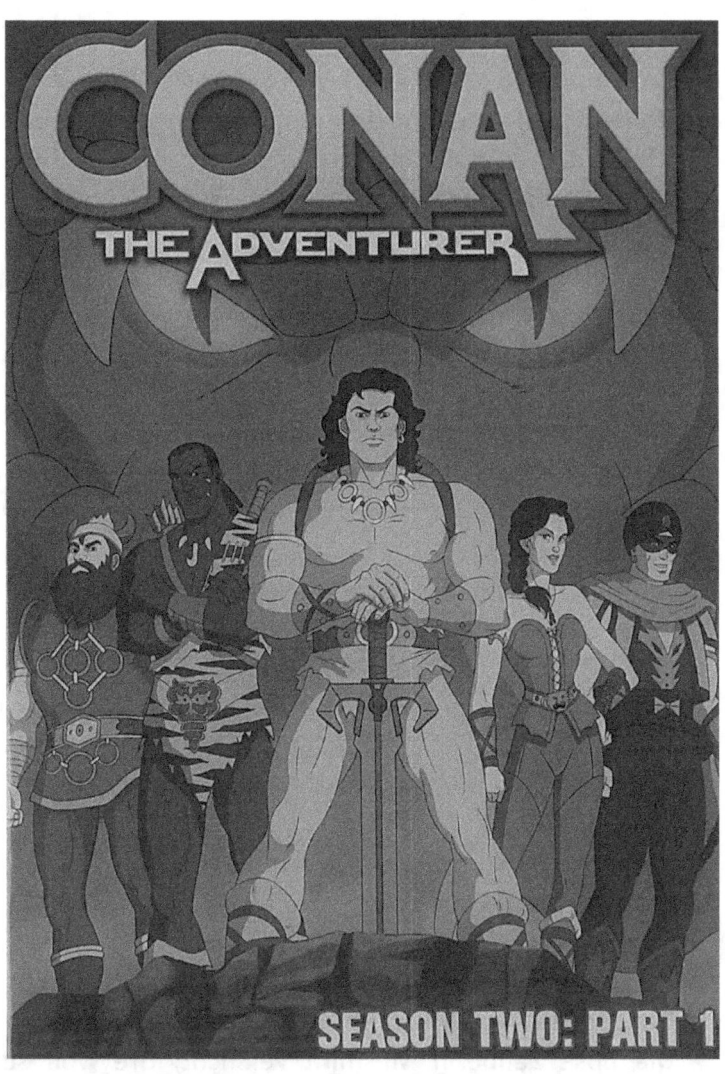

CONAN, DER ABENTEURER (Zeichentrickserie

Das Sternenmetall (The Night Of Fiery Tears)
Folge 1 (25 Min.)

Der arglistige Zauberer Wrath-Amon verwandelt die Conan-Familie zu Stein. Der junge Conan sinnt auf Rache: Mit seinem Metallschwert und seinem Pferd zieht er in den Kampf gegen den Bösewicht und seinen Schlangenmännern.

In Ketten (Blood Brother)
Folge 2 (25 Min.)

Ein Sklavenschiff von Wrath-Amon hat Conan und den Wasai-Prinzen Zula zu den Steinbrüchen gebracht. Die beiden beschließen, zu fliehen.

Jezmine, die Zauberin (The Star Of Shadizar)
Folge 3 (25 Min.)

Conan reitet nach Shadizar, um an einen verzauberten Saphir, den „Stern von Shadizar" zu kommen. Er ist nicht der einzige, der hinter dem Stein her ist.

Der graue Wolf (Greywolf Of Xanthus)
Folge 4 (25 Min.)

Conan, Jezmine und Zula treffen auf Zauberer Greywolf. Der schließt sich ihnen an und wird bald unentbehrlich. Die böse Zauberin Mesmira versucht, Greywolf seine Kraft zu entziehen.

Der schweigende Drache (The Shadow Walkers)
Folge 5 (25 Min.)

Conan jagt Wrath-Amon die Statue des Drachen von Khari ab. Nun kann er den mächtigen Drachen von einem Bann befreien.

Kampf der Gladiatoren (Conan The Gladiator)
Folge 6 (25 Min.)

Der Wasai-Prinz Zula wird von Kannibalen gefangen genommen und von seinem Schwager für tot erklärt. Conan glaubt nicht an das Ableben des Prinzen. Gemeinsam mit Jezmine bricht er auf in das Reich des Kannibalenkaisers.

Die Seeschlange (The Heart Of Rakkir)
Folge 7 (25 Min.)

Wer den Edelstein „Das Herz von Rakkir" besitzt, kontrolliert die Seeschlange Rakkir. Wrath-Amon will Conan von Rakkir töten lassen. Aber der Abenteurer weiß sich zu helfen.

Im Tal der Saurier (The Claw Of Heaven)
Folge 8 (25 Min.)

Der Stamm der Picts, eine Saurierrasse, ist im Besitz einer magischen Drachenklaue. Diese stammt aus dem von Wrath-Amon begehrten Sternenmetall. Conan rät ihnen, die Klaue wegzugeben, damit der Zauberer sie in Ruhe lässt.

In den Klauen von Windfang (Wingfang's Eyrie)
Folge 9 (25 Min.)

Windfang, das merkwürdige Ungeheuer von Wrath-Amon, hat sich in die schöne Jezmine verliebt und sie in seine Höhle entführt. Conan und Wrath-Amon erfahren gleichzeitig davon. Was sollen sie tun?

Der Tempel der Statuen (Men Of Stone)
Folge 10 (25 Min.)

Das böse Ungeheuer Wrath-Amon hat den Häuptling eines Dorfes versteinert. Damit will er sich sämtliche Bürger untertan machen. Ein Zwerg verrät Conan und dessen Helfern ein Gegenmittel.

Ein teuflischer Plan (The Serpent Riders Of Set)
Folge 11 (25 Min.)

Wrath-Amon hat eine teuflische Idee, wie er an das Sternenmetall und damit an die Macht gelangen kann. Er hat die Burg von Trocero stürmen lassen.

Duell der Zauberer (The Terrible Torrinon)
Folge 12 (25 Min.)

Wrath-Amon hört von einem mächtigen Zauberer: Torinon, der Schreckliche. Er möchte diesen Magier zu einem Wettkampf herausfordern. Torinon beherrscht aber nur ein paar Taschenspielertricks.

Die glorreichen Sieben (Seven Against Stygia)
Folge 13 (25 Min.)

Um Seth aus seiner Dimension zu befreien, braucht Wrath-Amon sieben Pyramiden mit einer Scheibe aus Sternenmetall. Zwei sind schon fertig. Beim Versuch den Zauberer auzutricksen, geraten Conan und Needle in Seths Dimension.

Die Maske des Schreckens (The Curse Of Ahx'oon)
Folge 14 (25 Min.)

Zulas Cousin Gorah will König eines Stammes werden und paktiert mit einer bösen Priesterin. Sie soll ihm helfen, die Prinzessin zu heiraten. Conan findet heraus, dass es sich um ein Komplott handelt.

Die rote Bruderschaft (The Red Brotherhood)
Folge 15 (25 Min.)

Durch einen Zufall geraten Conan und Snagg auf ein Piratenschiff. Sie sollen nun der Anführerin Valeria zu Reichtum verhelfen. Sie will einen Schatz heben, der von zwei Golems bewacht wird.

Zwei alte müde Krieger (In Days Of Old)
Folge 16 (25 Min.)

Ein Zauberer macht Conan und seinen Freund Greywolf zu zwei alten, kraftlosen Tattergreisen. So können sie nicht kämpfen.

Die Stammesfehde (Tribal Warfare)
Folge 17 (25 Min.)

Wrath-Amon gelingt es beinahe, die Volksstämme der Vanir und der Cimmerier gegeneinander aufzuhetzen. Die Freundschaft von Snagg und Conan ist deswegen in Gefahr.

Donner und der rote Blitz (Thunder And Lightning)
Folge 18 (25 Min.)

Conan verliert durch einen Hinterhalt um ein Haar sein geliebtes Pferd Donner. Das Ersatzpferd Roter Blitz erweist sich aber bald als Dämon, der von Wrath-Amon geschickt wurde.

Der Krater der Winde (Crevasse Of Winds)
Folge 19 (25 Min.)

Conan versucht, mit Hilfe des Zauberbuches von Skelos seine Eltern von einem Fluch zu befreien. Das Buch liegt aber im „Krater der Winde". Und der wird von dem Phönix Pyri bewacht.

Der Herr der Tiere (Vengeance Of Jhebbal Sag)
Folge 20 (25 Min.)

Wrath-Amon vermutet irrtümlicherweise, dass es im Land der Picts noch Sternenmetall gibt. Deshalb glaubt er ihren Beteuerungen nicht, sie hätten keines. Er verwüstet brutal ihr Land. Zula beschwört daraufhin Jhebbal Sag, den Herrn der Tiere, damit er den Stämmen der Picts hilft.

Der Mantel des Windes (An Evil Wind In Kusan)
Folge 21 (25 Min.)

Wrath-Amon hat Falkenar entführt, um Conan in die Falle zu locken. Wrath-Amon verwandelt Falkenar dafür in Harahkt.

Der Dieb der Seelen (The Stealer Of Souls)
Folge 22 (25 Min.)

Gorah will die Macht in Wasai übernehmen. Er lockt Zula und den König in die Falle und stiehlt ihre Seelen. Conan und seine Freunde versuchen, die beiden zu retten.

Der Affengott (Hanuman The Ape God)
Folge 23 (25 Min.)

In einer goldenen Stadt, mitten in der Wüste, wird ein Affengott verehrt. Conan und Jezmine erkennen, dass der Heilige wie ein Gefangener gehalten wird. Sie schöpfen Verdacht gegen Zabala, den Herrscher dieser Stadt.

Das Auge des Obelisk (Final Hours Of Conan)
Folge 24 (25 Min.)

Conan wird von einem Monster vergiftet. Nun droht der Abenteurer, ein Schlangenmann zu werden. Es scheint kein Gegenmittel zu geben. Da macht Wrath-Amon einen teuflischen Vorschlag.

Insel der Steine (Isle Of The Naiads)
Folge 25 (25 Min.)

Conan und Snagg kommen auf die Insel der Steine, die von Trollen bewohnt wird. Sie laufen versehentlich durch den Teich der Schwäche. Nun wird es schwierig, gegen Wrath-Amon zu kämpfen.

Das Buch von Skelos (The Book Of Skelos)
Folge 26 (25 Min.)

Conan muss zum Tempel von Gwahlur reisen, um das Buch von Skelos an sich zu nehmen. Es enthält einen Zauberspruch, mit dem er vielleicht seine Familie retten kann.

Jezmine in der Hölle (Return To Tarantia)
Folge 27 (25 Min.)

Jezmine trifft ihre Mutter wieder, die Gräfin Selene. Selene hat aber einen Pakt mit Wrath-Amon geschlossen und lockt Jezmine und Conan in eine Falle.

Die Entstehung des großen Dämons (The Birth Of Wrath-amon)
Folge 28 (25 Min.)

Conan lässt sich in die Vergangenheit versetzen. Er will dort verhindern, dass Wrath-Amon Conans Familie in Steine verwandelt. Aber in der Vergangenheit trifft er ausgerechnet auf Ram-Amon.

Die drei Prüfungen (Labors Of Conan)
Folge 29 (25 Min.)

Ein Zauberer behauptet, er könne Conans Familie zurückverwandeln. Dazu müssen Conan und seine Freunde ihm aber erst drei Dinge besorgen. Bei diesen schweren Prüfungen geraten Conan und seine Freunde in Lebensgefahr.

Venturis oder Windfang? (Earthbound)
Folge 30 (25 Min.)

Wrath-Amons Helfer Windfang findet den Weg, wie er in Venturis zurückverwandelt werden kann. Doch seine Freude ist nur von sehr kurzer Dauer.

Die Hexenkönigin (Queen Of Stygia)
Folge 31 (25 Min.)

Mesmira, die große böse Zauberin, steht in den Diensten von Wrath-Amon. Sie bringt Conan mit Hilfe ihres magischen Rubins in ihre Gewalt. Nun kämpft Conan mit ihr gegen seine Freunde.

Tsadinar und Damballah (The Bones Of Damballah)

Folge 32 (25 Min.)

Tsadinar, der Hohe Priester im Land von Damballah, soll gegen Wrath-Amon kämpfen. Wrath-Amon ruft Skulkur zu Hilfe. Aber Tsadinar verwandelt ihn in einen ganz normalen Menschen.

Der Meisterdieb (The Master Thief Of Shadizar)
Folge 33 (25 Min.)

Jezmine und Conan wollen den Meisterdieb Nanoc überreden, für sie den magischen Ring von Wrath-Amon zu stehlen. Nanoc aber verweist sie an einen anderen Dieb.

Der neue Meister (Dregs-amon The Great)
Folge 34 (25 Min.)

Wrath-Amon muss sich eine Weile zurückziehen, um sich zu häuten. Für diese Zeitspanne übergibt er der Schlange Dregs den magischen Ring und damit die Macht.

Bei den Kozaki (Conan Of The Kozaki)
Folge 35 (25 Min.)

König Yezdigerd lässt eine Pyramide bauen. Conan erkennt, dass Wrath-Amon der Drahtzieher ist. Um den Bau zu verhindern, muss Conan das zerstrittene Volk der Kozaki einen.

Der Wortbruch (Treachery Of Emperors)

Folge 36 (25 Min.)

Conan befreit die entführte Prinzessin Sarita, deren Vater ihm versprochen hat, ihn zum König zu machen. Nun denkt der König nicht mehr an sein Versprechen. Er will Conan nur 100 Goldstücke geben.

Im Gebirge der Nacht (Dragon's Breath)
Folge 37 (25 Min.)

Conan besucht den Drachen Khari. Er soll ein Mittel besitzen, mit dem Conan seine Familie wieder zum Leben erwecken kann. Der Drache aber schickt ihn zuerst auf einen langen Weg.

Der gestohlene Schild (Needle In A Haystack)
Folge 38 (25 Min.)

In einer fremden Stadt wird Conans Schild mitsamt seinem kleinen Phönix Needle gestohlen. Die Suche gestaltet sich sehr schwierig. Ein Schlangenmann ist darin verwickelt.

Mehrere Doppelgänger (The Return Of Torrinon)
Folge 39 (25 Min.)

Der freundliche Zauberer Torrinon scheint sich in einen Gefolgsmann von Wrath-Amon verwandelt zu haben. Plötzlich gibt es ihn auch noch mehrfach.

Großvaters Amulett (The Amulet Of Vathelos)

Folge 40 (25 Min.)

Conan besucht einen Bildhauer, der angeblich Stein zum Leben erwecken kann. Hier erfährt er die Geschichte des Amuletts, das er von seinem Großvater erhalten hat.

Die Wolfshunde (Nature Of The Beast)
Folge 41 (25 Min.)

Mesmira, die böse Zauberin, möchte Greywolfs Zauberstab an sich bringen. Sie verwandelt sich selbst in die Wölfin Sasha, die Schwester von Greywolf.

Der Bruder von Conan (Blood Of My Blood)
Folge 42 (25 Min.)

In der Stadt Verith entdecken Conan, Jezmine und Greywolf einen jungen Mann, der Conan unglaublich ähnlichsieht. Mit diesem „Bruder" droht wieder große Gefahr.

Der Löwe Amra (Amra The Lion)
Folge 43 (25 Min.)

Conan macht sich auf die Suche nach seinem Totem-Tier. Er findet es in Gestalt eines Löwen, den er Amra nennt. Mit Amras Hilfe gelingt es ihm, Gorahs zerstörerische Pläne zu vereiteln.

Der brennende Schädel (The City Of The Burning Skull)
Folge 44 (25 Min.)

In einer fremden Stadt herrscht ein Geist, der der „Brennende Schädel" genannt wird. Es ist der Geist des mächtigen und bösen Magiers Sekra. Man sagt, er sei unbesiegbar. Conan will für Frieden sorgen.

Der gefährliche Zwerg (Down To The Dregs)
Folge 45 (25 Min.)

Ein Zwerg entführt Needle, um ihn an den Herrscher von Vendhya zu verkaufen. Der Zwerg wohnt auf einer Insel. Deshalb sieht Conan kaum eine Chance, ihn zu befreien. Er ruft Falkenar zu Hilfe, um zuerst einmal auf die Insel zu gelangen.

Die Wolfsmutter (Wolf Mother)
Folge 46 (25 Min.)

Greywolf sucht seine Geschwister, die Wölfe Sasha und Misha. Dabei gerät er in eine Bärenfalle. Ausgerechnet Wendini, die Schutzpatronin der Wölfe, findet ihn.

Captain Rigello (The Last Dagger Of Manir)
Folge 47 (25 Min.)

Captain Rigello ist der Anführer der Piraten von Torga und besitzt einen Dolch aus Sternenmetall. Natürlich setzt Wrath-Amon alles daran, diesen Dolch an sich zu bringen.

Das Füllhorn (Cornucopia Of Grondar)

Folge 48 (25 Min.)

Conan hofft mit Hilfe eines Füllhorns, seine steinerne Familie wieder lebendig machen zu können. Aber auch Wrath-Amon verfolgt seine üblen Ziele mit dem Füllhorn.

Der Kristall des Lichts (When Tolls The Bell Of Night)
Folge 49 (25 Min.)

Falkenar hat vor vielen Jahren ein Geheimnis verraten. Er trägt somit die Schuld daran, dass das Ungeheuer der Finsternis befreit werden kann. Um es wieder unschädlich zu machen, benötigt er den „Kristall des Lichts"

Die Eisprinzessin (Frost Giant's Daughter)
Folge 50 (25 Min.)

Snagg hat sich in Britta verliebt. Leichtsinnig verspricht er ihr eine Eisblume aus dem Garten der Eisprinzessin Atali. Doch dadurch bringt er seinen Freund Conan in große Gefahr.

Der Weg nach Atlantis (Son Of Atlantis)
Folge 51 (25 Min.)

Wrath-Amon besitzt ein Horn, dessen Töne sämtliche Abkömmlinge der versunkenen Stadt Atlantis zusammenruft. Zu ihnen gehört auch Conan.

Die Dornen der Verwandlung (The Thorns Of Midnight)
Folge 52 (25 Min.)

Mit den Dornen der Lycanthros-Blume könnten Greywolfs Geschwister wieder in Menschen zurückverwandelt werden. Das funktioniert aber nur bei Vollmond.

Die falsche Königin (Turn About Is Foul Play)
Folge 53 (25 Min.)

König Urien heiratet Viridiana, die in Wirklichkeit eine Schlangenfrau ist. Conan und Zula können den König nicht davon überzeugen, dass seine Königin eine Dienerin von Wrath-Amon ist.

Der unbezwingbare Riese (Sword, Sai And Shuriken)
Folge 54 (25 Min.)

Conan muss gegen einen riesigen Krieger kämpfen. Denn nur so kann er seine Freunde, die Schweigenden Drachen, retten. Zum Glück erkennen seine Freunde die Quelle der Macht des Kriegers.

Der Herrscher der vier Elemente (Full Moon Rising)
Folge 55 (25 Min.)

In einer Vollmondnacht können Greywolfs Geschwister Sasha und Misha menschliche Gestalt annehmen. Da erscheint der Zauberer Locar und will Greywolf vernichten.

Das Schwert des Schicksals (The Sword Of Destiny)
Folge 56 (25 Min.)

Der junge übermütige Jason ist ein großer Verehrer von
Conan. Er meint, dass er mit dessen Schwert genauso
stark wäre wie sein Vorbild. Das ist jedoch ein großer
Irrtum.

Das Tal der Amazonen (The Vale Of Amazons)
Folge 57 (25 Min.)

Conan wird von einigen Amazonen gefangengenommen
und zu deren Anführerin Califia gebracht. Um ihn zu
befreien, muss Jezmine gegen die Königin der Amzonen
antreten.

Der ungebärdige Großvater (Conn Rides Again)
Folge 58 (25 Min.)

Conans Großvater Conn fühlt sich noch nicht alt. Er hat
Lust auf ein Abenteuer. Er überredet Greywolf, ihn auf
seinem Teppich zum Grab der Königin Venifica zu
fliegen.

In den Katakomben (Escape Of Ram-amon)
Folge 59 (25 Min.)

Conan findet seine versteinerten Eltern in einer
Pyramide von Wrath-Amon. Bevor er sie befreien kann,

stürzt er in eine der Katakomben. Dort findet er Ram-Amon, den Erschaffer von Wrath-Amon.

Titanus und Tarath (Star-metal Monster)
Folge 60 (25 Min.)

Ein Schmied hat aus Sternenmetall eine Statue für Wrath-Amon hergestellt. Das kleine Mädchen Tarath, das übersinnliche Kräfte besitzt, erweckt diese Statue zum Leben.

Einsam in der Zukunft (The Once And Future Conan)
Folge 61 (25 Min.)

Bevor Conan von den Schlangenmonstern gefressen werden kann, zaubert ihn sein Freund Greywolf in die Zukunft. Conan kann nun vorhersehen, was aus ihm und den Freunden werden wird.

Das Tor zur Hölle (Into The Abyss)
Folge 62 (25 Min.)
Conan möchte das Amulett von Vathelos aufladen. Mit dem zauberhaften Geschmeide kann er vielleicht seine Eltern retten. Hierfür muss er durch ein großes Tor mitten in die Hölle gehen.

Der letzte Kampf – Teil 1 (A Serpent Coils The Earth – Part 1)
Folge 63 (25 Min.)

Wrath-Amon hat nun genügend Sternenmetall, um Seth aus der Hölle zu befreien. Conan kann zuerst nicht verhindern, dass Seth die Stadt Shushan völlig zerstört.

Der letzte Kampf – Teil 2 (A Serpent Coils The Earth – Part 2)
Folge 64 (25 Min.)

Conan erfährt von dem Weisen Epemitreus, wie er Seth auf ewig in der Hölle einsperren kann. Er muss die Zauberscheibe aus Sternenmetall zerstören. Es kommt zum Kampf.

Der letzte Kampf – Teil 3 (A Serpent Coils The Earth – Part 3)
Folge 65 (25 Min.)

Conan und seinen Freunden gelingt es, den Eingang zur Hölle wieder zu öffnen. Sie befördern die gefährlichen Schlangenmänner hinein. Nach einem letzten Kampf wird Set in die Hölle gesperrt.

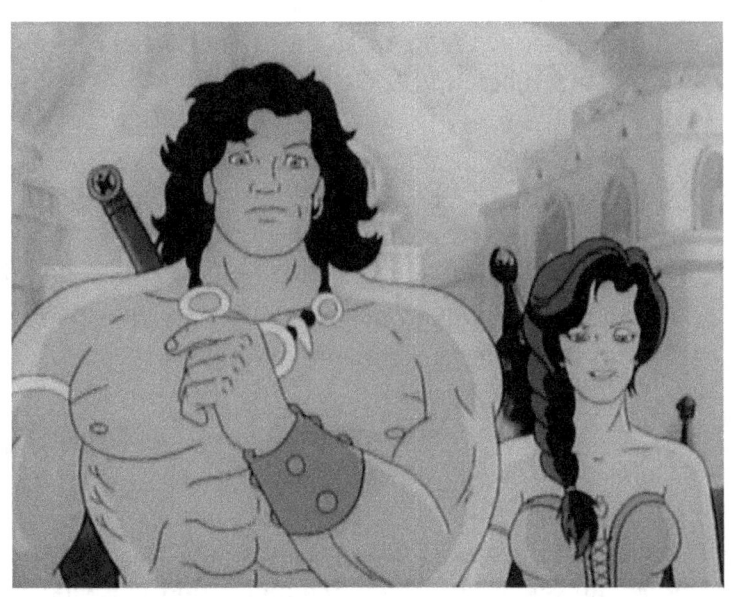

CONAN UND SEINE TAPFEREN FREUNDE
(Zeichentrickserie)

Die drei Sternensteine (The Third Talisman)
Staffel 1, Folge 1 (20 Min.)

Zauberin Sulinara möchte die drei Sternensteine von Conans jungen Freunden stehlen. Damit will sie sich die Herrschaft über Hyboris sichern.

Die Stadt des Tyrannen (Arena)
Staffel 1, Folge 2 (20 Min.)

Conan und seine Freunde müssen eine Stadt von ihrem König befreien, der ein übler Tyrann ist. Aber der nimmt

Conan gefangen und lässt ihn in der Arena in einem Kampf auf Leben und Tod antreten.

Die Welt der Träume (Dreamweaver)
Staffel 1, Folge 3 (20 Min.)

Die böse Zauberin Sulinara schickt den Kindern Albträume. Sie will an die wertvollen Sternensteine von Conans Schützlingen gelangen.

Die Schuppen der Riesenechse (Carnival Of Cardolus)
Staffel 1, Folge 4 (20 Min.)

Conan und seine Schützlinge sind auf der Suche nach einer Riesenechse. Deren Schuppen sind ein wirksames Mittel gegen alle Gifte. Aber auch ein skrupelloser Zirkusbesitzer ist hinter dem kuriosen Tier her.

Die Insel der Dämonen (Isle Of The Lost)
Staffel 1, Folge 5 (20 Min.)

Die böse Zauberin Sulinara ist auf einer Insel gelandet. Dort sucht sie einen wertvollen Stein, der die Kraft besitzt, Menschen in willenlose Monster zu verwandeln.

Das Auge von Argon (The Covenant)
Staffel 1, Folge 6 (25 Min.)

Sulinara beschwört Demonicus. Der Herrscher der Geisterwelt soll die Sternensteine von Conans jungen Freunden besorgen. Als Gegenleistung kann er an Conan

Rache nehmen, gegen den er einmal eine bittere Niederlage erlitten hatte. Demonicus lässt sich auf den Handel ein.

Der Verwandlungskünstler (Wolf In The Fold)
Staffel 1, Folge 7 (25 Min.)

Durch seine Neugier befreit Navah einen gebannten Verbrecher. Der kann jede beliebige Form annehmen und strebt die Weltherrschaft an.

Freunde in der Not (Once A Thief)
Staffel 1, Folge 8 (20 Min.)

In einer Schatzkammer, die Conan bewacht, befindet sich ein wertvoller und gefährlicher Hammer. Brynne vertraut einem falschen Freund und stiehlt diesen Hammer.

Das goldene Horn (Brothers Of The Sword)
Staffel 1, Folge 9 (20 Min.)

Kurtides, Conans Freund und Waffenbruder, soll das Horn einer Stier-Statue gestohlen haben. Conan, der das nicht glauben kann, macht sich auf die Suche nach ihm.

Der Maulheld (Feet Of Clay)
Staffel 1, Folge 10 (20 Min.)

Conan und seine tapferen Freunde befreien den alten Lehrmeister Horaz. Dieser soll einen kostbaren Schild gestohlen haben. Gemeinsam machen sie sich auf die Suche nach dem wahren Täter.

Die Hand des Schicksals (Hand Of Fate)
Staffel 1, Folge 11 (20 Min.)

Conan und seine Freunde erhalten den Auftrag, den Hüter des Palastes von Luxur zu befreien. Aber damit ihm das gelingt, muss er einen Angriff der Shemiten abwehren.

Der falsche Anführer (The Separation)
Staffel 1, Folge 12 (20 Min.)

Conans Freunde sollen einen neuen Anführer bekommen. Doch dieser entpuppt sich als Gehilfe des Zauberers Necromus, der die Sternensteine haben will.

Der Schlangenkönig (The Night Of The Serpent)
Staffel 1, Folge 13 (25 Min.)

Conan und seine Freunde eilen Kara zu Hilfe, die einer Prophezeiung zufolge glaubt, Setanus heiraten zu müssen. Aber Conan findet heraus, dass Setanus ein Nachkomme seines Erzfeindes Set ist.

Red Sonja

Originaltitel: Red Sonja
USA 1985
Laufzeit: 89 Minuten
Erstaufführung: 3.7.1985
Regie: Richard Fleischer
Drehbuch: Clive Exton, George MacDonald Fraser
Kamera: Giuseppe Rotunno
Musik: Ennio Morricone
Schnitt: Frank J. Urioste
Darsteller: Arnold Schwarzenegger (Kalidor), Brigitte Nielsen (Red Sonja), Sandahl Bergman (Königin Gedren), Paul L. Smith (Falkon), Ernie Reyes Jr. (Prinz Tarn), Ronald Lacey (Ikol), Pat Roach (Brytag), Terry Richards (Djart), Janet Agren (Varna), Donna Osterbuhr (Kendra), Hans Meyer (Red Sonjas Vater), Francesca Romana Coluzzi (Red Sonjas Mutter), Stefano Maria Mioni (Barlok), Tutte Lemkow (Zauberer), Kiyoshi Yamasaki (Kyobo)

Story

Königin Gedren ist gierig nach Macht. Ein Zauberstein, der in einem Kloster aufbewahrt wird, könnte ihr übermenschliche Kräfte geben und sie setzt alles daran, diesen Stein zu bekommen. Bei dem Überfall auf das Kloster werden alle Insassen getötet, auch die Schwester der Schwertkünstlerin Red Sonja. Diese schwört daraufhin Rache an Königin Gedren zu nehmen und macht sich auf, um den Zauberstein wieder

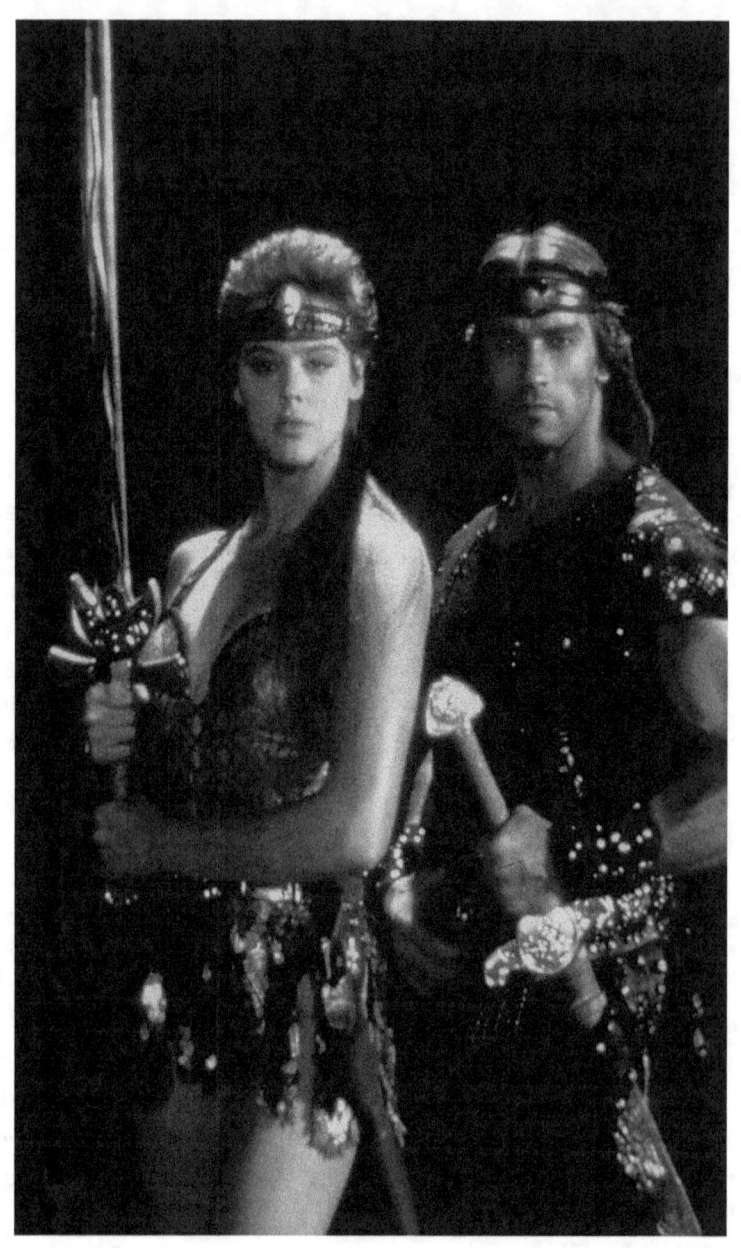

zurückzuholen. Auf ihrer Reise trifft sie Lord Kalidor, der offenbar als einziger diesen Talisman zerstören kann. Kalidor und ein Prinz, der zusammen mit seinem Diener die Welt bereist, sind Red Sonjas einzige Weggefährten auf ihrer gefährlichen Mission.

Hintergründe

Dino DeLaurentiis wollte das hyborische Zeitalter wiederaufleben lassen. Doch er hatte sich in den Kopf gesetzt, keinen dritten CONAN-Film zu produzieren. Stattdessen sollte es Red Sonja sein, eine Figur, die Robert E. Howard zwar erfunden hatte, die aber niemals eine Zeitgenossin Conans war, sondern kämpfte im 16. Jahrhundert vor den Toren Wiens gegen die Türken und schrieb sich übrigens Sonya.

Comic-Autor Roy Thomas hatte den Namen und das Aussehen von Red Sonja jedoch genommen und sie zu einer Weggefährtin Conans gemacht. Sie wurde zum „She-Devil with a Sword", eine Frau, die sich niemandem hingibt, der sie nicht im Kampf besiegen kann.

DeLaurentiis hatte auch an dieser Figur die Filmrechte und so wollte er einen Abenteuerfilm produzieren, der an seine CONAN-Filme anschließen würde. Schon Ende 1983 suchte er nach einer geeigneten Schauspielerin, konnte aber niemanden finden, der seiner Meinung nach passend war. Nur wenige Wochen, bevor die Produktion begann, fand er sie schließlich: auf dem Cover eines Magazins. Das 21 Jahre alte Model Brigitte Nielsen hatte es ihm angetan und so kontaktierte er die Dänin und fragte, ob sie für RED SONJA vorsprechen wollte.

Nielsen hatte bis zu diesem Zeitpunkt noch nie als Schauspielerin gearbeitet, ergriff aber die Gelegenheit und stellte sich DeLaurentiis in Rom vor. Schauspielerisch hatte sie nichts zu bieten, aber ihr Aussehen war dem Produzenten genug. Er heuerte sie für den Part an, nachdem zuvor Sandahl Bergman für die Rolle angedacht gewesen war. Doch Bergman entschied sich schließlich, dass sie lieber den Part der Schurkin spielen wollte.

Für die Regie verpflichtete DeLaurentiis erneut Richard Fleischer, dessen Arbeit ihm schon bei CONAN THE DESTROYER gefallen hatte. In Vorbereitung für ihre Rolle nahm Nielsen Unterricht in Schwertkampf und im Reiten, trainierte mit Stunt-Koordinator Vic Armstrong und übte mit einem Dialog-Coach ihre Texte.

Fleischer mochte die junge Frau, aber er war sich auch sicher, dass sie einen Film alleine nicht tragen konnte. Das Gefühl schien auch DeLaurentiis zu haben, weswegen er sich an Arnold Schwarzenegger wandte und ihn bat, eine Gastrolle in dem Film zu übernehmen. Die Logik, die dahintersteckt, ist nur schwer durchschaubar, wäre es doch weit sinniger gewesen, Schwarzenegger als Star in einem dritten CONAN-Film zu besetzen, zu dem er vertraglich sowieso verpflichtet war, und in diesem Film Red Sonja einzuführen.

Der umgekehrte Weg war wenig sinnvoll. Und brachte es zudem mit sich, dass Schwarzenegger zwar in jeder Beziehung in diesem Film Conan ist, aber andere Kleidung trägt und nun auf den Namen Kalidor hört.

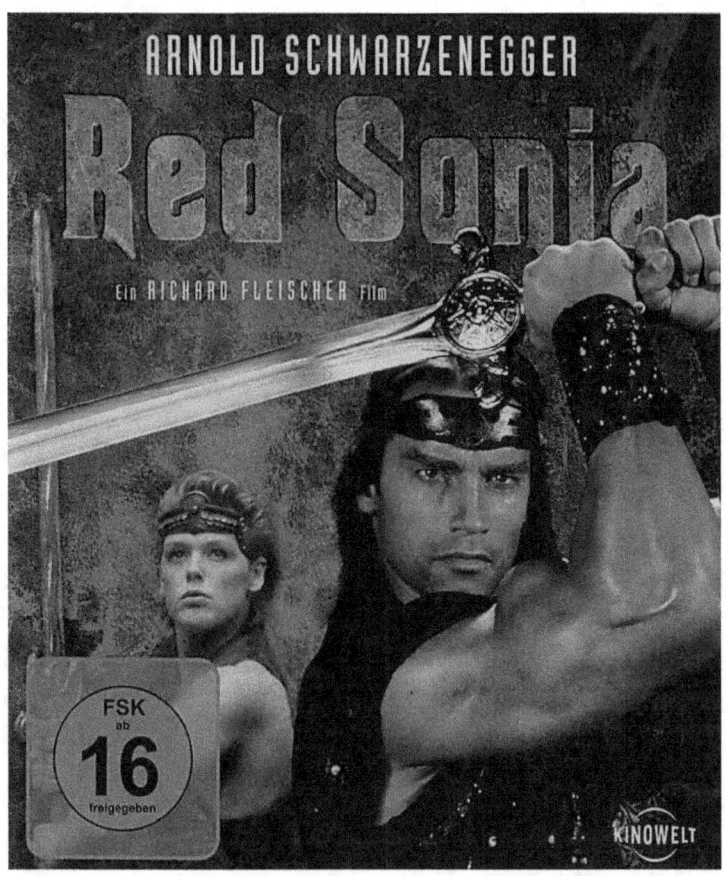

Schwarzenegger hatte sich bereit erklärt, DeLaurentiis einen Gefallen zu tun. Ihm hatte der Produzent gesagt, dass er nur drei Wochen bei den Dreharbeiten dabei sein würde. Und so hatte Schwarzenegger zugesagt, weil er sich DeLaurentiis verpflichtet fühlte, war es doch dessen CONAN, der seine Karriere so stark vorangetrieben hatte. Aber als er das Skript schließlich bekam und merkte, wie groß seine Rolle eigentlich war, versuchte er, aus dem Projekt auszusteigen, konnte dies aufgrund des Vertrags aber nicht mehr.

Für die Produktion stellte DeLaurentiis ein Budget von 15 Millionen Dollar zur Verfügung. Gedreht wurde diesmal in Italien. Dort hatte der Produzent schon in den 60er Jahren in den Stabilimenti Cinemografici Pontini Studios Filme gemacht, doch da die Studios aufgrund finanzieller Schieflage in den 70er Jahren dichtmachen mussten, hatte DeLaurentiis die Produktion ins Ausland verlagert. Nun bot sich ihm die Gelegenheit, nach Hause zurückzukehren. Und die nutzte er auch.

Neben Nielsen und Schwarzenegger agieren in diesem Film das unglaublich nervende, aber lustig gemeinte Duo aus Ernie Reyes Jr. und Paul L. Smith. Wirklich überzeugen in ihrem Part kann jedoch nur Sandahl Bergman, die beherzt und mit Lust agiert. Und so fragt man sich unwillkürlich, wie der Film gewirkt hätte, wenn sie die Hauptrolle gespielt hätte. Denn mit der ungemein hölzernen Nielsen und dem lustlos agierenden Schwarzenegger hat der Film wenig, das für ihn spricht.

Die Dreharbeiten begannen am 24. September 1984 in Celano und den Abruzzen. Mitte Dezember ging es dann ins Studio, wo Danilo Donati tolle Sets und Bauten errichtet hatte. Diese sind es auch, die dem Film zumindest einen guten Look verleihen. Problematisch ist dabei jedoch, dass hier kaum Personen zu sehen sind. Die Sets sind chronisch unterbevölkert, so dass diese hyborische Welt sehr leer und trostlos erscheint.

Fleischer ging von elf Wochen Dreharbeiten aus, erkannte aber bald, dass das Skript mit elaborierten FX-

Sequenzen weit mehr Zeit in Anspruch nehmen würde, um verwirklicht werden zu können. Darum setzte er noch einmal den Rotstift an und entfernte einige Szenen, womit der Aspekt der Zauberei in diesem Film fast völlig verschwand. Was blieb, war Schwertschwinger-Action.

Während der Dreharbeiten wurde Schwarzenegger nachgesagt, dass er eine Affäre mit Brigitte Nielsen hatte. Seine Freundin Maria Shriver, mit der es immer ernster wurde, sah das nicht gern und heuerte sogar Crew-Mitglieder an, um ein Auge auf ihren Freund zu werfen. Schwarzenegger wiederum schien sich schon mit Nielsen zu vergnügen und wurde mit ihr auch im Hilton in Wien gesehen. Wie es heißt, soll Nielsen sich Schwarzenegger geradezu an den Hals geworfen haben, da sie einen Star heiraten und nach Amerika gehen wollte.

Für Schwarzenegger war sie aber allenfalls eine kleine Ablenkung, die er nach dem Ende der Dreharbeiten loszuwerden gedachte. Es heißt, dass er ihr den Rat gegeben hatte, sich an seinen Anwalt Jake Bloom zu kennen, der viele Stars kannte und sie einigen vorstellen konnte. So soll es zu einem Dinner gekommen sein, bei dem Bloom sowohl Nielsen als auch Sylvester Stallone einlud und sich beide so kennen lernten. Das widerspricht zwar der offiziellen Nielsen/Stallone-Version, nach der sie ihm ein Nacktfoto von sich geschickt hatte und er sie daraufhin kennen lernen wollte, aber möglich ist es. Wie es um die Wahrheit jedoch tatsächlich bestellt ist, lässt sich heute kaum noch mit letzter Gewissheit sagen.

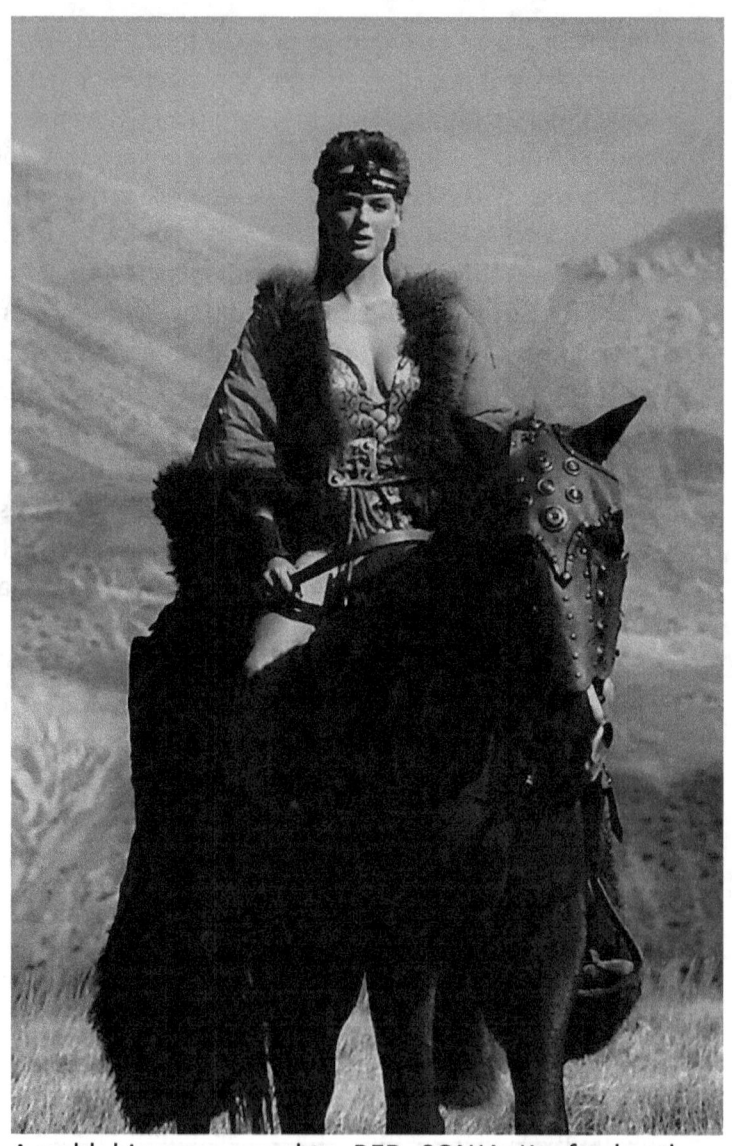

Arnold hingegen machte RED SONJA Kopfzerbrechen. Mit Maria zusammen sah er sich ein Screening des Films an. Dabei erkannte er, dass DeLaurentiis jeden Schnipsel

Film benutzt hatte, auf dem er zu sehen war. Und mehr noch als das: Auf dem Plakat prangte sein Name noch über dem Filmtitel. Und sein Konterfei war weit prominenter eingesetzt als das von Nielsen. DeLaurentiis hatte ganz offenbar vor, RED SONJA als einen Schwarzenegger-Film zu vermarkten.

Als das Screening zu Ende war, sahen sich Maria und Arnold an. Ihnen allen war bewusst, dass dies ein Rohrkrepierer war. So meinte sie zum ihm: „Wenn dieser Film Deine Karriere nicht zerstört, dann hast Du echte Steherqualitäten und wirst es noch weit bringen."

Der Film schadete Schwarzenegger nicht. Die Kritiken waren verheerend und so wollte ohnehin kaum jemand diesen Film sehen. Für Brigitte Nielsen war er ein Karriere-Killer. Sie konnte danach nur noch in Filmen ihres Mannes mitspielen, bevor die Scheidung und mit ihr der totale Abstieg hin zu Sendungen wie CELEBRITY REHAB begann.

RED SONJA ist der große Ausreißer in Arnolds frühem Werk und innerhalb der Filme, die er in den 80er Jahren gemacht hat. Er fühlt sich wie ein belang- und zahnloses Remake seines eigenen CONAN an, nur dass diesmal eine Frau im Mittelpunkt steht. Die Beziehung von Red Sonja und Kalidor ist unglaubwürdig, da zwischen den Schauspielern keinerlei Chemie besteht. Die Sets und die Kameraarbeit gehören zum Besten des Films, unterstützt von Ennio Morricones gelungenem Soundtrack. Die Geschichte ist jedoch blutleer und uninteressant, der Sargnagel für ein Genre, das 1985 schon so gut wie tot war.

Arnold selbst sah das Ganze eher locker. Er hatte diesen Film überlebt, war sich aber gewiss, dass er kaum noch einen schlechteren machen konnte. In einem Interview erklärte er aber, wozu der Film gut war: „Ich sage meinen Kindern immer, wenn sie nicht brav sind, zwinge ich sie, RED SONJA zehnmal am Stück anzusehen. Meine Kinder waren immer brav."

Schwarzenegger war sich nach diesem filmischen Fiasko jedoch sicher, dass er aus Gefälligkeit kein Projekt mehr übernehmen würde. Künftig mussten die Umstände stimmen. Er musste das Drehbuch, den Regisseur und den Produzenten mögen und sich hundertprozentig sicher sein, dass dies der Film war, den er angehen wollte. Der Entscheidungsprozess für Arnolds nächstes Werk nahm nicht lange in Anspruch. Wie immer verließ er sich dabei auch auf seinen Agenten und seine Publizistin. Charlotte Parkers Aufgabe war es zwar nicht, Drehbücher für Arnold zu lesen oder ihre Meinung hierzu kundzutun, er mochte es jedoch und sie tat es. Bei all den Angeboten, die auf Schwarzeneggers Tisch landeten, war ihr ein Skript ins Auge gestochen. Es war ihrer Meinung nach das perfekte Vehikel für Arnold: PHANTOM KOMMANDO.

Kull, der Eroberer

Originaltitel: Kull the Conqueror
USA 1997
Laufzeit: 95 Minuten
Erstaufführung: 29.08.1997
Regie: Michael J. Bassett
Drehbuch: Charles Edward Pogue
Kamera: Rodney Charters
Musik: Joel Goldsmith
Schnitt: Dallas Puett
Darsteller: Kevin Sorbo (Kull), Tia Carrere (Akivasha), Thomas Ian Griffith (General Taligaro), Litefoot (Ascalante), Roy Brocksmith (Tu), Harvey Fierstein (Juba), Douglas Henshall (Ducalon), Sven-Ole Thorsen (King Borna)

In den 80er Jahren hieß es immer wiedermal, dass es einen dritten CONAN-Film geben würde. Ende der 80er Jahre gab Raffaella DeLaurentiis ein Drehbuch für CONAN 3 in Auftrag. Dabei war sie sich darüber im Klaren, dass sie diesen Film nur machen würde, wenn Arnold Schwarzenegger für die Titelrolle zurückkehren würde. Das fertige Drehbuch von Charles Edward Pogue wurde Schwarzenegger übergeben, der es recht gut fand, sich aber lange nicht so recht entscheiden konnte. Schließlich befand er, dass eine Rückkehr zu Conan zu diesem Zeitpunkt seiner Karriere vielleicht keine gute Idee war, weswegen er das Angebot ausschlug.

Nachdem sich Schwarzenegger nicht für das Projekt entschieden hatte, ging man dazu über, das

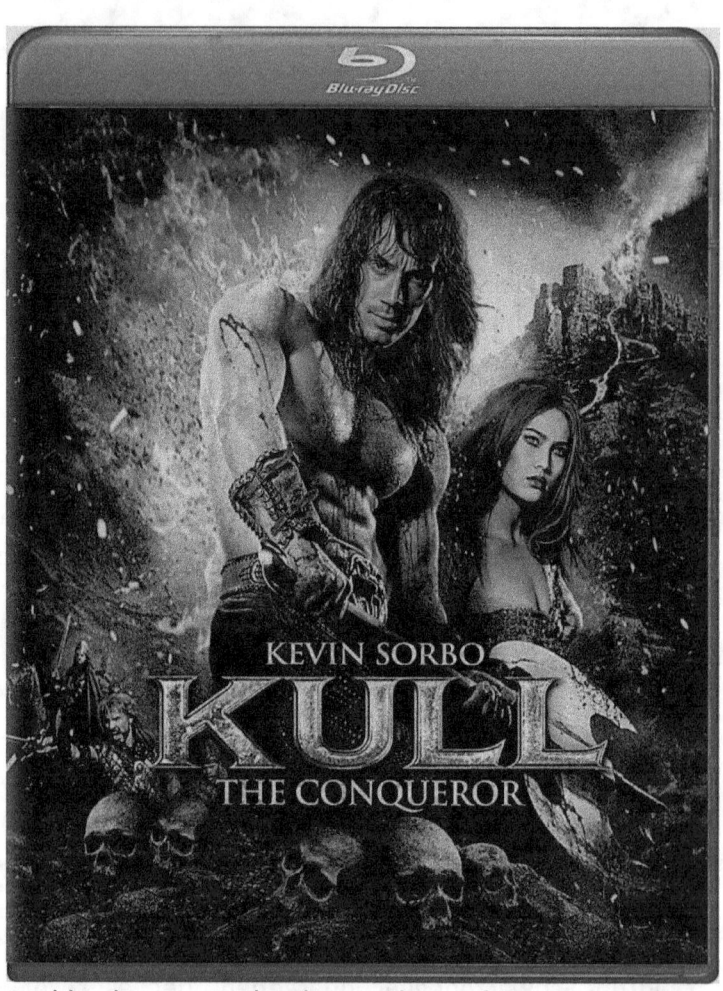

Drehbuch neu zu schreiben und es auf Howards anderen Barbaren Kull zuzuschneiden. Das Problem war jedoch immer noch, einen geeigneten Schauspieler für den Part zu finden. Neben einem Kampf um das Drehbuch, das zahlreiche Male umgeschrieben und dabei nicht gerade besser wurde, dauerte es auch seine Zeit, die Rolle zu besetzen. Nachdem Leute wie Jean-Claude van Damme oder Jason Scott Lee in Betracht gezogen wurden, erwies sich Kevin Sorbo als der Richtige. Allerdings war dieser gerade mit seiner Serie HERCULES beschäftigt, weswegen man sich entschloss, darauf zu warten, bis er die Zeit für diesen Film, an dem er auch interessiert war, fand.

Was die Geschichte betrifft, so hält sich diese natürlich nur vage an Howards Vorlage. Hier wie dort steigt Kull vom Barbaren aus Atlantis zum König von Valusia auf. Damit enden die Gemeinsamkeiten aber auch schon. In KULL THE CONQUEROR (KULL, DER EROBERER, 1997), wird Kull König, von seiner Frau aber betrogen und des Throns enthoben. Nun setzt Kull alles daran, Akivashas Herrschaft zu brechen.

KULL ist ein amüsanter, aber trashiger Fantasy-Film. Kevin Sorbo weiß als Kull zu gefallen und präsentiert den Barbaren wie die dunkle Seite seines anderen Alter Egos Herkules. Dabei darf er wilder auftreten als der moralisch immer korrekte Herkules, was Kull gleichzeitig zu einem interessanteren Charakter macht.

An das große Vorbild CONAN reicht KULL jedoch nicht hin, was vor allem wieder einmal auf die Feigheit der Produzenten, die das ursprünglich weit kraftvollere Drehbuch des Autoren Charles Edward Pogue massentauglich zurechtstutzen ließen, zurückzuführen ist.

Trotzdem ist dies aber ein Film geworden, der nicht nur durch die guten Effekte, sondern auch mit dem ordentlichen Spiel der Akteure und einer sehr schönen Ausstattung zu begeistern weiß. Ein Übriges tut die

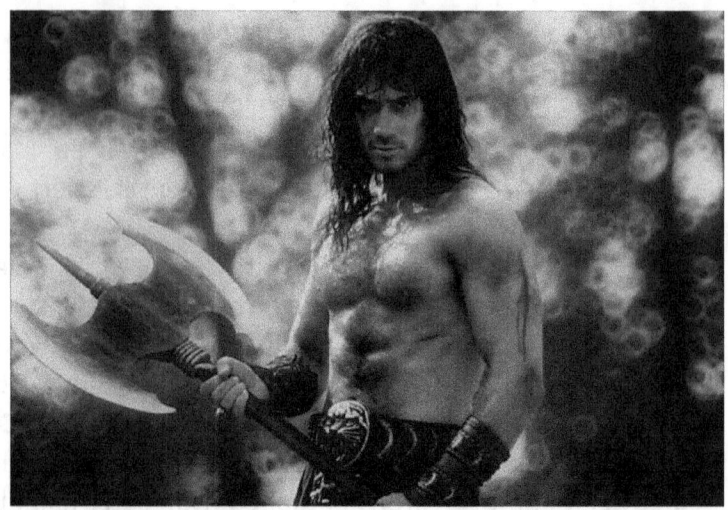

spannende, wenngleich nicht sonderlich originelle Story, bei der Kull am Ende sowohl seine Königin als auch sein Königreich erhält.

Für die Fans von Robert E. Howards Barbaren aus Atlantis bietet der Film sogar noch den Slogan, der zum Erkennungszeichen von Kull geworden ist: By this Axe I rule („Diese Axt sei mein Zepter" oder wie man hier wortwörtlich übersetzte „Durch diese Axt herrsche ich"). Der Film war an der Kinokasse kein Erfolg und weitere Bemühungen, CONAN wieder auferstehen zu erlassen, wurden dadurch erschwert.

Solomon Kane

Originaltitel: Solomon Kane
Tschechien / Großbritannien / Frankreich 2009
Laufzeit: 105 Minuten
Erstaufführung: 23.09.2009
Regie: Michael J. Bassett
Drehbuch: Michael J. Bassett
Kamera: Dan Laustsen
Musik: Klaus Badelt
Schnitt: Andrew MacRitchie
Darsteller: James Purefoy (Solomon Kane), Max von Sydow (Josiah Kane), Rachel Hurd-Wood (Meredith Crowthorn), Patrick Hurd-Woodn (Samuel Crowthorn), Pete Postlethwaite (William Crowthorn), Alice Krige (Katherine Crowthorn), Anthony Wilks (Edward Crowthorn), Philip Winchester (Henry Telford), Jason Flemyng (Malachi)

Denkt man an Schriftsteller Robert E. Howard, so denkt man vor allem an Conan. Danach mag man noch Kull kennen, aber das sind längst nicht alle Abenteurer, die Howards kreativer Phantasie entsprungen sind. Ein anderer ist der Puritaner Solomon Kane, der gegen Hexen und Zauberer kämpft.

Eine Verfilmung der Abenteuer dieser Figur sollte bereits 1997 stattfinden. Damals erwarb die Firma Wandering Star die Adaptionsrechte und Christopher Lambert wurde für das Projekt ins Gespräch gebracht. Doch es sollte fast ein Jahrzehnt vergehen, bevor der Film Gestalt annahm. Erst als man WILDERNESS-

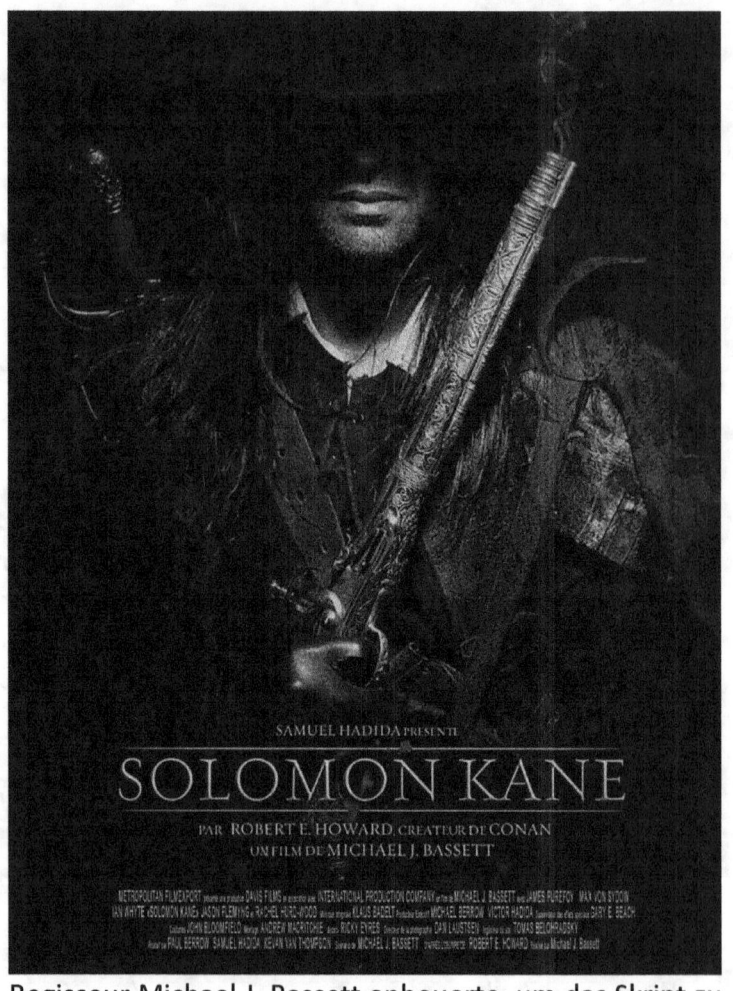

Regisseur Michael J. Bassett anheuerte, um das Skript zu schreiben und den Film zu inszenieren, kam Bewegung ins Projekt.

Bassett hatte die Bedingung gestellt bekommen, eine Ursprungsgeschichte zu erzählen. So hält er sich nur in groben Zügen an Howards Vorgaben, da dieser Solomon

Kanes Abenteuer erzählte, als er schon längst ein erfahrener Hexenjäger geworden ist.

Solomon Kane ist ein gefürchteter Soldat des 17. Jahrhunderts, bewaffnet mit einem Arsenal an tödlichen Waffen. Wegen seiner brutalen und grausamen Taten gegen seine Feinde macht Kane schließlich Bekanntschaft mit dem Gesandten des Teufels. Während dieser die dunkle Seele Solomons fordert, entscheidet der sich fortan für ein Leben in Frieden und Gerechtigkeit. Als jedoch eines Tages eine dunkle und zerstörerische Macht Kanes Land bedroht, muss er seinen Schwur des Friedens brechen. Ein letztes Mal zieht er in den Kampf, wohl wissend, dass dieser sein Schicksal und das eines ganzen Volkes für immer verändern wird...

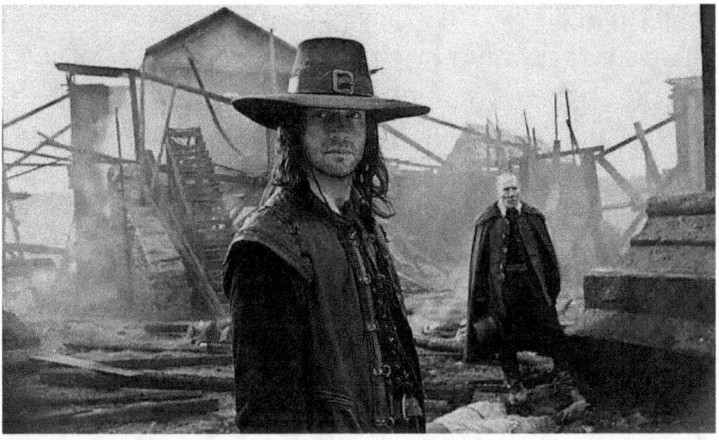

Der Plan sah vor, mit diesem ersten Film die Bühne zu bereiten, um danach mit zwei weiteren Filmen eine Trilogie abschließen zu können. Dafür stand der französisch-britisch-tschechischen Produktion ein Budget von 40 Millionen Dollar zur Verfügung, das Bassett auch zu nutzen wusste.

Er erschuf eine düstere Fantasy-Welt längst vergangener Tage, einen wenig romantischen Blick auf eine Zeit, in der es sich schnell starb und sich Dunkelheit über die Welt ausbreitete.

Für die Hauptrolle engagierte man James Purefoy (ROM), der, so Bassett, sich dem Film und der Rolle mit Leib und Seele verschrieb. Das sieht man auch, denn vor allem ist es Purefoys Darstellung, die SOLOMON KANE zum Erfolg werden lässt. Er spielt den Puritaner mit Inbrunst und versteht es auch, dessen Wandlung erfahrbar zu machen.

Für das übrige Ensemble fand man bekannte Namen: Max von Sydow (MINORITY REPORT), Pete Postlethwaite (KAMPF DER TITANEN), Alice Krige (STAR TREK: FIRST CONTACT), Jason Flemyng (LIGA DER AUSSERGEWÖHNLICHEN GENTLEMEN) und Rachel Hurd-Wood (DAS PARFÜM), deren Bruder hier auch den Bruder von Meredith spielt.

Die Dreharbeiten fanden Anfang 2008 in Prag statt. Die Nachproduktion dauerte eine Weile, aber noch länger dauerte es, den Film danach auszuwerten. Während er Ende 2009 schon in wenigen Territorien wie Großbritannien und Frankreich lief, blieben die größten Märkte außen vor.

Auf die Art ist es sicherlich schwer, das hohe Budget zu refinanzieren, weswegen man sich vielleicht von dem Gedanken verabschieden muss, weitere Abenteuer mit Solomon Kane zu sehen. Schade ist das besonders, weil Bassett bei den Sequels stärkeren Bezug auf die von Howard geschriebenen Geschichten nehmen wollte.

Doch auch für sich betrachtet ist SOLOMON KANE ein schöner, in seiner Bildsprache starker Film, der eine zwar nicht besonders originelle, aber stimmige Dark-Fantasy-Geschichte erzählt, die von der ersten Minute an fesselt. Fazit: Kernige Unterhaltung für echte Männer.

Die Barbaren kommen

Die Italiener waren in ihrer Hochzeit immer darum bemüht, neue Trends zu erkennen und diese dann auch zu bedienen. Als 1982 der von John Milius inszenierte CONAN, DER BARBAR in die Kinos kam, da hatte man nach den jüngsten Trendwellen mit Science-Fiction- und Endzeitfilmen ein neues Thema, das es lohnte, aufgegriffen zu werden.

Nach 1982 färbte sich die Leinwand blutrot, wenn vorzeitliche Barbaren gegen böse Diktatoren ins Feld zogen und die Schwerter kreuzten. Ohne die fleißigen Italiener würde dieses Genre heutzutage nur aus einer Handvoll Filme bestehen. Auch viele Regisseure, die sich zuvor in anderen typischen italienischen Stoffen wie dem Giallo, dem Western oder übergeordnet dem Splatterfilm versucht hatten, nutzten das neue Thema richtig schön aus.

So auch Joe D'Amato, der seinerzeit bereits für seine exzessiven Splatterfilme bekannt war und auch gerne mal besonders schlüpfrige Erotik darbot. Aus seiner Feder (zusammen mit dem ohne namentliche Nennung arbeitenden Michele Soavi) stammt ATOR – HERR DES FEUERS. Für die Hauptrolle seines epochalen Werkes verpflichtete er Miles O'Keefe, der zuvor in John Dereks TARZAN – HERR DER AFFEN (1981) sein Debüt gegeben hat, aber auch ein deutliches Problem hatte. Schauspielerisch war er so limitiert, dass mehr als ein Tarzan oder Ator auch nicht drin war.

Aber ähnlich wie Arnold Schwarzenegger lag ihm die Barbarenrolle im Blut. Für den 1954 geborenen Miles

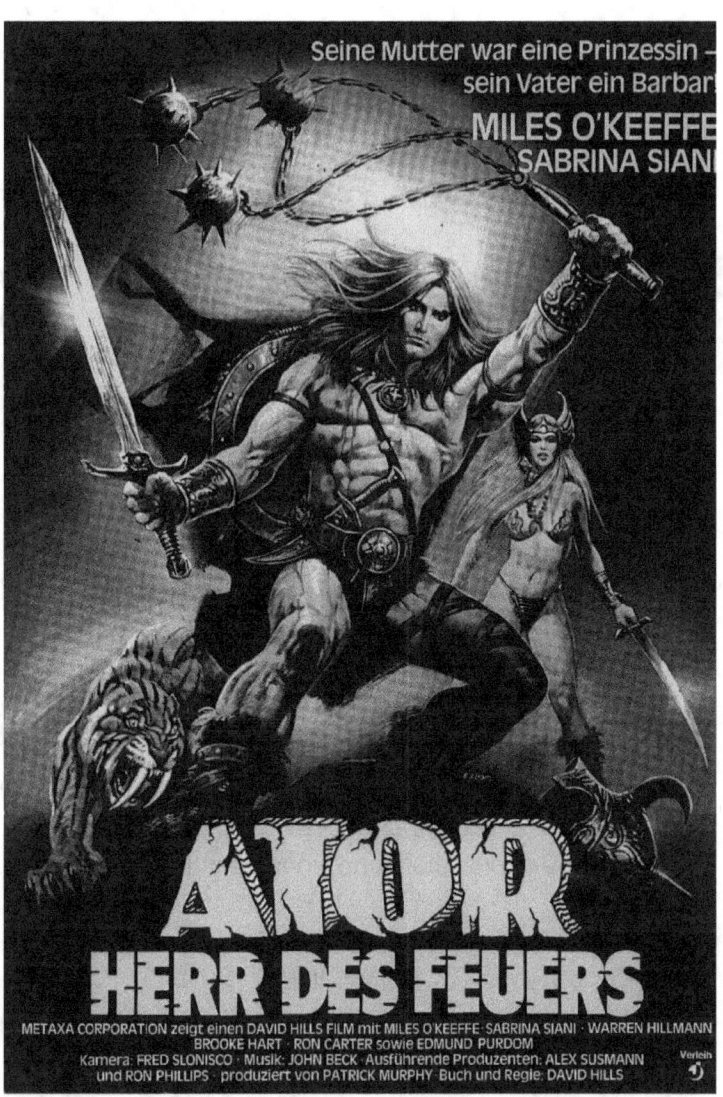

Seine Mutter war eine Prinzessin –
sein Vater ein Barbar!

MILES O'KEEFFE
SABRINA SIANI

ATOR
HERR DES FEUERS

METAXA CORPORATION zeigt einen DAVID HILLS FILM mit MILES O'KEEFFE · SABRINA SIANI · WARREN HILLMANN
BROOKE HART · RON CARTER sowie EDMUND PURDOM
Kamera: FRED SLONISCO · Musik: JOHN BECK · Ausführende Produzenten: ALEX SUSMANN
und RON PHILLIPS · produziert von PATRICK MURPHY · Buch und Regie: DAVID HILLS

O'Keefe war dies sein zweiter Film und er empfahl sich dadurch für das italienische Exploitationkino, was umso mehr gilt, da er kurz darauf auch noch in ATOR – DER UNBESIEGBARE zu sehen war und sich später dann in knackigen Actionfilmen wie FLASH FIGHTER oder DER KAMPFGIGANT ganz gut schlug.

Bei seinem Barbarenfilm hielt sich D'Amato im Vergleich zu seinen anderen Filmen deutlich zurück. Er legte hier mehr Wert auf Action und Abenteuer. Der Film nutzt natürlich den Standardplot dieses Genres, gehört aber ohne Zweifel zu den besseren der ganzen CONAN-Plagiate, was nicht zuletzt auch an der phantasievollen Ausstattung liegt. Der zweite Teil entstand zum einen, weil der erste Film Gewinne eingefahren hatte, zum anderen, weil man Miles O'Keefe noch für einen weiteren Film unter Vertrag hatte. Ein dritter Teil war schließlich IRON WARRIOR, der nicht mehr von D'Amato, sondern von Alfonso Brescia inszeniert wurde.

1990 legte D'Amato noch einen inoffiziellen, weiteren Teil nach, aber in TROLL 3 spielt nicht mehr O'Keefe die Hauptrolle. Stattdessen ist Eric Allan Kramer als Ators Sohn zu sehen. Das Ergebnis ist jedoch ein solch dilettantischer Film, dass dagegen sogar die italienischen Filme der 70er und 80er wie cineastisches Gold glänzen.

Der Regisseur Umberto Lenzi hat in den 60er und 70er Jahren tolle Gialli und Polizistenfilme inszeniert und erschuf 1972 mit MONDO CANNIBALE das Kannibalengenre, für dessen schlimmste Exzesse er auch verantwortlich zeichnete. Doch auch er wollte den Barbaren nicht einfach ungenutzt vorbeiziehen lassen und inszenierte 1983 ER – STÄRKER ALS FEUER UND EISEN. Der Film ist pures Dynamit, denn den Stammeskampf um überlegene Waffen nutzt Lenzi als eine bizarre Analogie auf den Zweiten Weltkrieg, wobei

George Eastmans schurkischer Vood hier als vorzeitlicher Hitler fungiert.

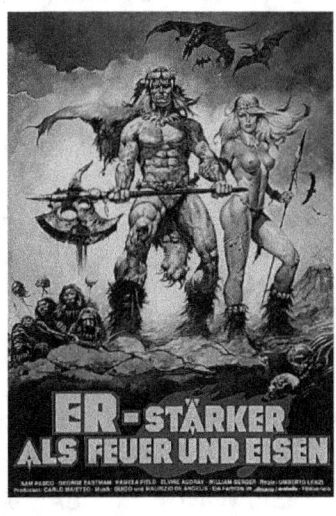

Um all das in den Film hineinlesen zu können, muss man natürlich ein wahrer Italo-Film-Connaisseur sein, doch auch als einfaches Actionspektakel ist dieser Film, bei dem mit Danilo Mattei und Walter Lucchini zwei von Lenzis DIE RACHE DER KANNIBALEN-Stars mit dabei waren, sehr unterhaltsam.

Als böser Vood agiert George Eastman, der im wahren Leben eigentlich Luigi Montefiori heißt und seine Karriere schon in den 60er Jahren begonnen hat, damals noch vornehmlich beim Spaghetti-Western. Der 1942 geborene Schauspieler verstand sich immer als Künstler. Er begann als Maler seine Karriere. Erst später bewarb er sich bei der Centro Sperimentale di Cinematografia und erhielt dort eine Schauspielausbildung. Obwohl er in den 70er und 80er Jahren in unzähligen Genre-Filmen mitgespielt hat und dabei oftmals mit Joe D'Amato arbeitete, ist er heute auf seine exzessiveren Filme wie z.B. MAN-EATER (1980) alles andere als stolz und glaubt, dass diese Filme einen schlechten Einfluss auf die Zuschauer haben können.

Eastman war nicht nur als Schauspieler, sondern auch als Drehbuchautor erfolgreich. Im Lauf seiner Karriere spielte er in beinahe 60 Filmen mit, darunter Mario Bavas WILD DOGS (1974), D'Amatos ABSURD (1981) und Sergio Martinos PACO – KAMPFMASCHINE DES TODES.

Hauptdarsteller Sam Pasco, ein gar nicht mal so untalentierter Bodybuilder, ward übrigens weder vor noch nach ER – STÄRKER ALS FEUER UND EISEN jemals wieder im Kino gesehen. Schade eigentlich.

DER UNBEZWINGBARE BARBAR entstand 1983 unter der Regie von Tonino Ricci und wurde in manchen Ländern wie den Philippinen schräger Weise als BEASTMASTER 2 ausgewertet. Thor wird als Kind von einem Zauberer großgezogen. Als Erwachsener will er sich am Mörder seiner Eltern, einem blutrünstigen Tyrannen, rächen. CONAN lässt selbstverständlich grüßen

DAS SCHWERT DES BARBAREN erschien 1982 und war einer der ersten CONAN-Klone. In der Hauptrolle agiert Peter McCoy, der im bürgerlichen Leben Pietro Torrisi heißt. Für McCoy war die Barbarenwelle ein gefundenes Fressen, denn er wirkte auch noch in GUNAN – KÖNIG DER BARBAREN, ER – STÄRKER ALS FEUER UND EISEN und THRON DES FEUERS mit. Zuletzt war der 1940 geborene Bodybuilder in dem Gerhard-

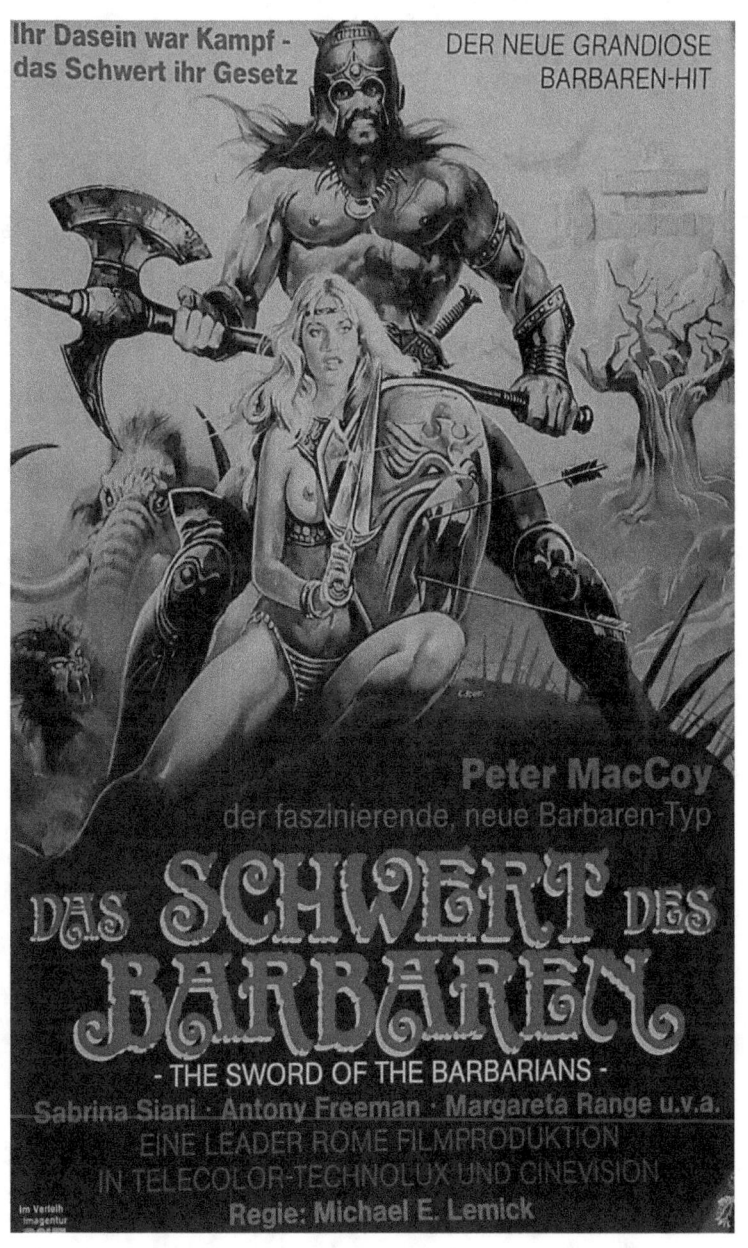

Ihr Dasein war Kampf - das Schwert ihr Gesetz

DER NEUE GRANDIOSE BARBAREN-HIT

Peter MacCoy
der faszinierende, neue Barbaren-Typ

DAS SCHWERT DES BARBAREN
- THE SWORD OF THE BARBARIANS -

Sabrina Siani · Antony Freeman · Margareta Range u.v.a.

EINE LEADER ROME FILMPRODUKTION
IN TELECOLOR-TECHNOLUX UND CINEVISION

Regie: Michael E. Lemick

Im Verleih
Imagentur

Polt-Film GERMANIKUS als Thraker zu sehen. In den 70er und 80er Jahren durfte er sich des Öfteren vom Duo Bud Spencer und Terence Hill verprügeln lassen.

So schnell wie die Barbarenwelle gekommen war, war sie auch wieder vorüber. Dafür sorgte nicht nur der hohe italienische Ausstoß im Verlauf von nur wenigen Jahren, sondern interessanterweise auch CONAN, DER ZERSTÖRER (1984), der nicht mehr an den Erfolg des Originals anknüpfen konnte.

Filmographie

1982: Ator – Herr des Feuers
1982: Gunan - König der Barbaren
1982: Das Schwert des Barbaren
1983: Conquest
1983: Einer gegen das Imperium
1983: ER - Stärker als Feuer und Eisen
1983: Hundra
1983: Thron des Feuers
1983: Thor - Der unbesiegbare Barbar
1984: Ator - der Unbesiegbare
1987: Die Barbaren
1987: Iron Warrior
1990: Troll 3